はじめに
中野区からでも、日本を、そして世界を動かせる！

はじめまして、中野区議[illegible]一です。

当年取って50歳。そのう[illegible]芸人やってました。コンビの相方も10数人も替え、ピン芸人もやったこ[illegible]でも、全然売れませんでした。

オヤジも医者、おじいち[illegible]医者一家」に生まれたのにもかかわらず、その病院を継ぐどころか、ろ[illegible]「おじさんニート」でした。住んでる家も、ほとんど整理整頓をしない[illegible]ミ屋敷」になりました。

一言でいうと「ろくでな[illegible]

こんな自分でも、何か世の中のためになりたいと一念発起。やるなら政治家。さっそく「れいわ新選組」の区議会議員候補の公募に応募したら、運よくパスして、東京・中野区の区議選に出馬。定員42人の38位ながら当選を果たしたのです。

そして、区議会の一般質問で発言した、

「中野区といえば、あのブロードウェイ商店街も抱えるオタクの聖地。ここでこそコスプレ・イベントを大々的に開催し、日本だけでなく世界中に中野区をアピールしていきましょう」

という提案が議会内で好評を得て、実際に実現が決まってしまったのです。いまや「コスプレ・アニメ・マンガ」は世界に通じる日本の代表的文化。かのサウジアラビアですら、王室の肝いりで『ドラゴンボール』のテーマパークが作られるという時代です。

中野のコスプレ・イベンドが評判を呼べばインバウンド効果も抜群で、やがては本当に中野が日本を、世界を動かせるのも夢ではなくなるかも。

しかもその先頭に立つのが、「元売れない芸人」で、「元おじさんニート」の井関源二というのが面白いではないですか！

中野区の掲げる標語の中にこんなものがあります。

「つまずいても再出発できるまち中野」

それを身をもって示している男の半生を、ぜひ味わい、政治を、さらに中野区を身近に感じて頂ければ幸いです。

井関が、中野区から日本を変える

井関源二＊著

山中企画

どん底地下芸人が、中野区議会議員になった

井関が、中野区から日本を変える＊目次

第2集会室の使用後の机の片づけ方

第一章
「出来損ないの息子」

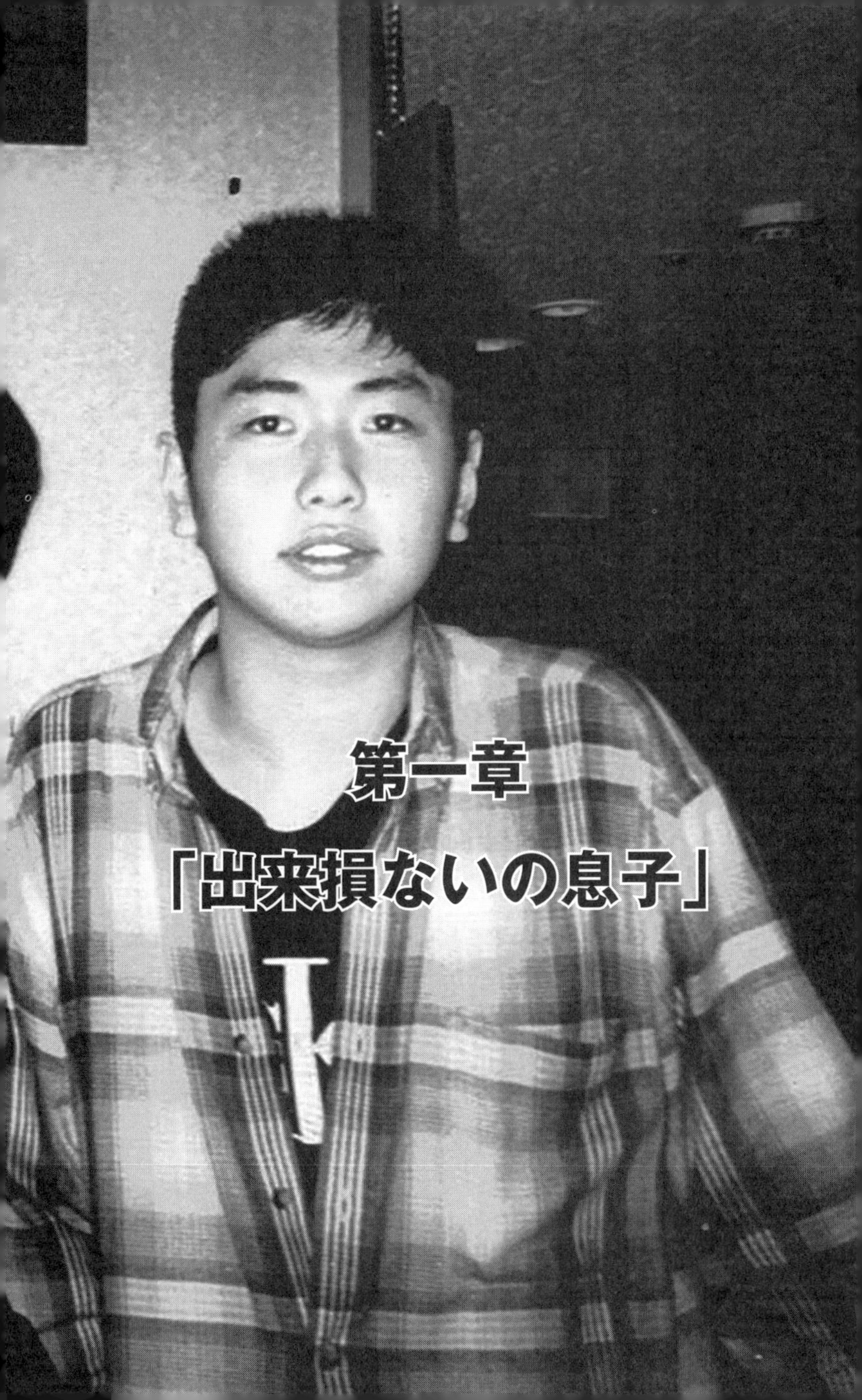

父は眼医者で母は大名家の娘・それなのに・・・

正直言って、私は相当な「教育虐待」を受けていた、と思っています。

小学校の低学年から家庭教師が来ていて、「家庭教師を頼むくらいなら塾に行く」と親に言ったら、「じゃあ、両方やりなさい」と、家庭教師が付いたまま、塾に行かされてましたから。今ならそんなに珍しくないのかもしれないけど、40年前だから、まわりでそんなヤツ、いなかったです。

「教育ママ」とか思われるのがイヤだったんでしょうか。なぜかオフクロは、「家庭教師に教わってることは人にもらすな」で、友達に遊びに誘われても、家庭教師が来るとは言えずに「ごめん、ちょっと・・・」ってアイマイに断ってたのがとてもツラかったです。

クラスメイトからも「井関のおばさん怖いよな」と言われるくらいでした。

また小学校の頃は、ちょっとは成績よくて、オフクロも期待してたみたいなんです。

塾の実力テストで上位の成績取ったり。

小学校5年くらいから、テレビは一切見ちゃダメ。ファミコンもどこかに隠されてやらしてもらえない。隠したっていいことないのに。ゲームをやらせなくたって、ではその時間勉強するのかっていったらしないですよ。

そこまでしても、成績は大したことはない。中学に入って最初の成績はほぼオール4。まずまず他よりはデキたんです。ところがこれが人生のマックス。学年が進むにしたがってジワジワ落ちていって、中3になった頃はオール3以下になってました。学力テストはそんなにヒドくはないのに、内申書はものすごく悪くて、担任の先生からも、「良い公立は無理だ」とクギさされました。

そして私立3校受験しました。この時、上位2つの高校に願書を提出しに行った帰り、地元玉川学園で霊柩車を見かけました。地元にはお寺も葬儀場も火葬場もありません。なんて縁起が悪いんだと思いました。

結果、上位2つは不合格。1校だけなんとか引っかかりました。人生で初めて味わった大きな挫折でした。

それ以来、ちょっと縁起を気にするようになりました。

勉強を強制させられたのには、それなりの理由がありました。本来、我が家は勉強が出来る優秀な血筋のはずでした。

まずオヤジの源太は、眼科医。そのオヤジ、つまりおじいちゃんも医者。ひいおじいちゃんとその息子、つまりおじいちゃんの兄貴は判事と弁護士。親戚も、医者か一流企業のサラリーマンか。

オフクロの久子の血統だって、なかなかのもんです。徳川家康の次男・結城秀康が越前の領主になった時に家老としてついていった本多富正がご先祖様。それで越前・武生の1万石の大名家になって、明治維新の後は男爵で貴族院議員にもなった家の娘。

つまり「秀才一家」と「大名家」がコラボした「傑作」が生まれるはずだったのが、私みたいなヘンなのが出来ちゃったんです。

私だけじゃない、弟だって私以上に学校の成績も悪いし、高校出て専門学校に入ったものの、卒業後はロケ車のドライバーをやったり、ジュディ・オングさんのドライバーをやったり、芸能関係の中でフラフラと職を転々としながら生きてました。しかしある会社の社長のお嬢さんと結婚して、少子化の中子供3人育てて、家も両親との二世帯住宅に改築しました。

結局、私だけ「出来損ない」の世界に残ったことになります。

足の指紋を照合して、本当の息子かを確認された!?

親の私に対する期待が強すぎたのでしょう。中学の頃には、ずっとうるさく「勉強しろ」って言われるんで、

「次なんか言って来たら、オフクロを殺す」

と本気で考えてたくらい。そしたら、その時期に実際に親を殺しちゃった私と同い年の犯人が報道されて、その事件以降、親もあんまり言わなくなりました。

別に、ヤンキーではありませんでした。ただ勉強しなかっただけ。しかも強制されてやるのがイヤで仕方なかったんです。

オヤジは、そこまで「勉強」「勉強」ってうるさくはなかったです。しかし妙な人間で、平気でミエミエのホラを吹きます。

私が幼少の頃から、オヤジは自分のことを「神様」だと言っていました。

オヤジに反抗して、「このクソオヤジ!」なんて言うと、普通なら「親に向かってな

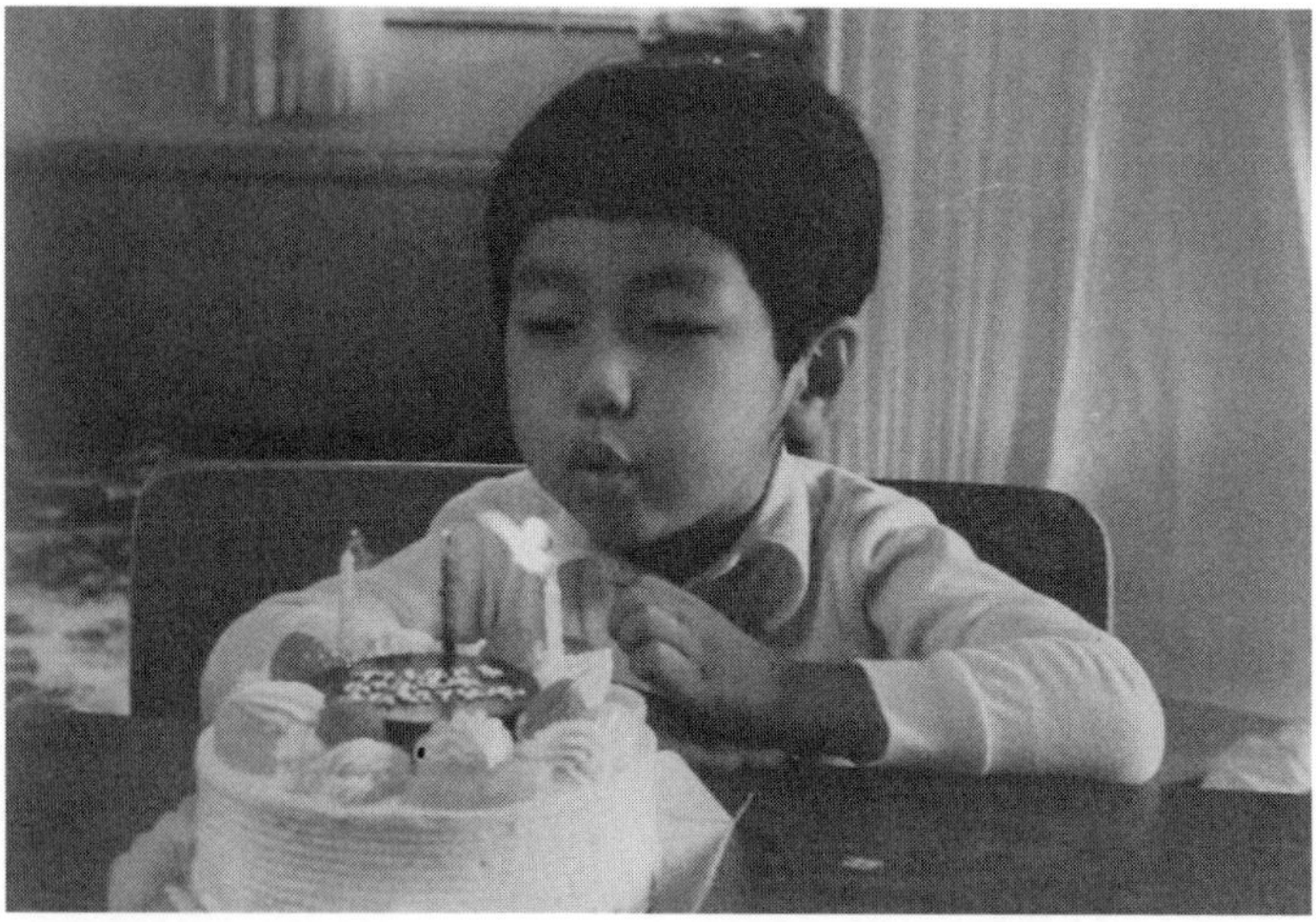

4 歳の誕生日。実家にて。

んて口の聞き方だ！」というような会話になるかと思いますが、ウチのオヤジは「神様に向かってなんてこと言うんだ⁉」と言ってきます。

「オレはオリンピックで金メダル取った」「オレは主演映画がある」「『上を向いて歩こう』を作ったのはオレ」とか。「オレは神様だから、その証拠を見せる」なんて、ヒラヒラと空中を舞うティッシュを止めようとしたり。「ヒェーッ！」て掛け声かけても、ティッシュは止まるはずもなくて、ヒラヒラと舞ったままだったですけどね。

確かに、若い頃のオヤジは、俳優の伊勢谷友介みたいでカッコよくて、しかも医者になるくらい頭も良かったでしょう。本人も

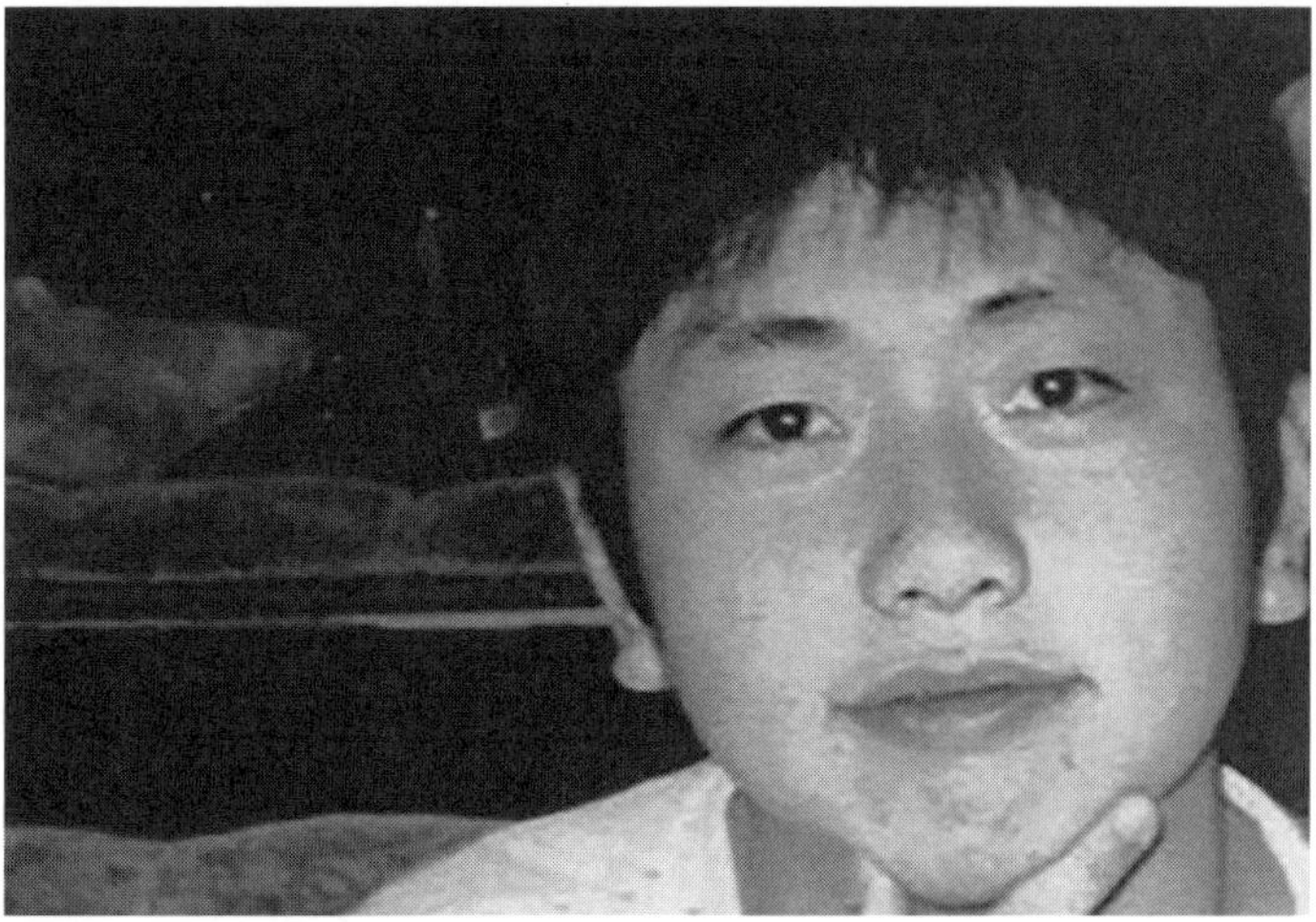
20歳。バイトをはじめたばかりの頃。

「モテた」って自慢してましたが、それは本当なのでしょう。

口より手が早いタイプで、小学校の時、家族で旅行行って、私がちょっとトイレが長かったら、「遅い！」とビンタ食らいました。

中3くらいだったかな、オヤジ、私が寝てる時、わざわざ私の足の指紋取ってたってことがありました。赤ん坊の頃に取った指紋とその指紋を照合して、本当にこの出来の悪い息子が自分の息子か確かめようとしたみたいです。それくらい「期待外れの息子」だったんです。

オフクロの方は『サンデー毎日』の東大合格者の出る号を買って、食い入るように見てるくらいでした。二言目には「歯医者になりなさい」と言っていました。

両親から「お前みたいなやつは全寮制の学校に入った方がいい」と言われ、私も両親から厳しく言われすぎてノイローゼ気味だったので、早く家を出たいと、わりと前向きに受け取っていましたが、オヤジが用意した全寮制の高校のパンフレットは医者の家庭の子息が医学部への進学をさせるための学校でした。両親に反発していた私は死んでも医者にだけはならないと決めており、さんざん教育虐待をしておいて私を医者にさせようという気持ちが透けてみえ、その学校へ行くのは断りました。

忘れもしない。中3の時、隣りのクラスのヤツが自殺したんです。そいつとは小学校のクラスで一緒で、誕生会にも行ったりした仲。ちょっとツッパってたヤンキー系で、後から、どうやらイジメにあってたらしいことを知りました。

「人間て、こんなに簡単に死んじゃうんだ。生きてるうちは自分の好きな様に生きなきゃ」

そう感じたものです。

漫画家はあっさり断念！　とんねるずでお笑いに目覚め！

小さい頃から医者になるのを期待されてたのはわかってました。ところがこっちは医者になりたいなんて、これっぽっちも思いませんでした。小学校の低学年では恐竜の図鑑とかに夢中になって、いずれ恐竜の学者か、刑事になりたいと思ってました。

それが中学に入ったくらいでは、漫画家志望に変わってましたね。高橋留美子先生の『うる星やつら』に夢中になってて、あんなラムちゃんみたいな女のコと付き合えたらサイコーだな、と本気で妄想してたんです。そして中3くらいかな、手塚治虫先生の漫画にハマって、「この道にこそ、自分は進むべきだ」と決めました。

ところが、それを貫くだけの根性はありませんでした。最初に高校に入ったばかりの頃には、漫画研究会に入部しました。もう道具も揃えてました。インクからペンからスクリーントーンから、雲形定規から。ちょうど高校1年が宮崎勤の事件が起きた時で、アニメ好きやマンガ好きは「オタク」って言われて、胡散臭い目で見られていた頃です。でも私はそういうのはあんまり気にしなかったけど、ストーリー漫画描くにも、アイデアが出て来ない。だから懸賞応募も「いずれやろう」だけで、一度も出せなかった。せいぜい描いたのは4コマ漫画とか、あとはイラスト。まだ晴海でやってたコミケに出品したりはしてました。高校の漫研にいたのも3カ月くらいでした。

漫画家はムリとわかったあたりで、「お笑い」に目覚めました。高2のあたりでしょうか。高校の先生のモノマネやったりしてたら、クラスメイトから、「お前、おもしろいじゃん。お笑いになれるかも」言われたのが運のつき。「自分はお笑い芸人の才能がある」と、あっさり志望が漫画家からお笑い芸人に変わりました。

高校の文化祭の準備中、深夜、放送委員会の中で漫才を披露していた先輩がいて、それ見て、「あ、オレもやってみたい」って気になったのもあります。とんねるずがすごい勢いで売れまくってて、中学の頃からとんねるずの『オールナイトニッポン』は聴いてました。高校に入って、少しでもとんねるずに近づきたくて、『生でダラダラいかせて!!』の出演者募集に応募したりとかも。合格ですって呼ばれたら、出演者じゃなくて、番組の観覧者だったりしたけど。その観覧に「無剤」って書いた紙を持って参加しました。

とんねるずがよく『オールナイトニッポン』で、リスナー相手に煽ってたんです。

「お前らがやらなきゃしょーがねーだろ」

よし、やってやろうじゃないか、と電波を受けとりました。

本当はとんねるずに弟子入りしたかったのですが、２人とも弟子はとっていませんでした。

お笑い芸人になりたくても、なり方が分からないので、高3の冬休みに役者の養成所に入りました。新聞の下にデカデカと広告が載ってた「東京宝映」ってところ。三原じゅん子や稲川淳二が出身者で出てて。

最初「バラエティ」という箇所に丸をして書類を提出しましたが、返って来た書類には「俳優」と「歌手」の項目しかありませんでした。

まだこの頃は吉本も東京ではお笑いの学校がなく、人力舎もちょうど学校が出来たくらいのはずですが、インターネットのない当時では私のところまで情報が来ず、お笑い芸人のなり方が分からないので、とにかく身体を動かそうと東京宝映に入ることにしました。

もちろん家では養成所の入所金15万円なんて、出してくれるわけがない。もう、毎日、私のことでケンカが絶えなかったくらいだし。そりゃそうでしょ。後を継いでほしいと思ってた息子がろくに勉強もしないで、「漫画家やりたい」になった時点でもう呆れてるのに、今度は「お笑いやりたい」でしょ。

「勉強しろ！」「うるせー！」

この繰り返し。15万円はバイトして払うしかなかったですね。

衣食住に困らない「ぬるま湯」の中で

大学受験はしました。日大芸術と帝京と2校受けて、どっちもダメ。そりゃそうでしょう、勉強してないんだから。

オヤジもオフクロもガッカリしてました。医者がダメでも、せめて大学くらいは入って、まともな仕事についてほしかったんでしょうから。

そのずっと後、35歳くらいの頃、就職はちょっとだけしたことがあります。高校でも、10段階評価で「10」を取ったのが、パソコンの教科。今だって、チラシのデザインなんかはイラストレーターで、自分で全部やります。

そういうのもあって、パソコンのプログラマーで、ある会社に正社員で入りました。オフクロは喜びましたね。ようやくちゃんと就職したのかって。

しかし会社から、「お笑いを辞めると言ったから採用したんだ、お笑いを辞めろ、副業禁止だ」と言われ、逆に会社を1週間で辞めました。もちろんオフクロはガッカリです。その後はウィルスソフトのテクニカルサポートの仕事を派遣社員としてやるようになりました。時給が高く、お笑い活動への配慮もしてもらえたので、4年続けてたのに、派遣切りにあいました。

もともとオヤジは町田の玉川学園に家を建てて、1階を病院、2階を住まいにしてました。近くには遠藤周作、森村誠一、赤川次郎、田河水泡など作家の家や、五輪真弓や高田純次などの芸能人の家もあるし、イナカだけどまあまあの高級住宅街。駅の近くの商店街に土地を別に買って診療所は移して、上は賃貸マンションにしたんです。だから経済的には、まずまずの成功者。ただただ両親に心配かけてた私は、完全な失敗者。それにもかかわらず、「もっとちゃんとしなさい」「うるせー！　黙ってろよ！」とオフクロとは毎日ケンカの連続。なら、さっさと家を出ればいい、となりますが、なかなかウチを出る決断がつきません。

ようやく「出よう」となったのが29歳の時。出たら、すぐにカネに困って、人生で初めて消費者金融でカネを借りました。

話を10代に戻すと、東京宝映では、夏休みや冬休み、別料金2万円で、「お笑いコース」がありました。毎回、ネタを考えてきてそれを披露して作家さんなどに批評してもらう「ネタみせ」が中心で、講師は大友一平さん。テレビやラジオのお笑い番組のプロデュースをしたり、ライブも開いたり、本も出したり、お笑い業界では有名な人。

高校も出て、いよいよ本格的なお笑い修業に入るのは18歳の年でした。

第二章
泥沼クズ芸人への道

重度のアトピーに

東京宝映のお笑いの授業で、まずそこで知り合った渡辺くんとコンビを組んでみました。あくまで「仮のコンビ」のつもりで、そんなに長く続ける気持ちはもともとありませんでしたね。渡辺くんは私と同い年。郵便局でバイトしていて、日に焼けて小柄な、そんなに目立つキャラのない、でもコントをやると妙なキャラのある人でした。

コンビ名は「手もみラーメン」。せっかくネタも作ったんだし、どこかのライブにネタ見せ、つまりライブ出演が出来るかどうかのオーディションに行こうとなって、まず『ザッツ笑ライブ』を選びました。しかし、ネタ見せをやる池袋に2人で行った時点でコンビ名が決まっていません。どうしても決まらなかったので、とりあえず目に入った看板、「手もみラーメン　福しん」の「手もみラーメン」と安易につけました。もちろんネタ見せも落選。高校を出て1年弱ちょっと彼と組んでいたでしょうか。まったく結果は出せませんでした。

自堕落な生活でしたね。高校出ても大学も専門学校も行くわけじゃないので、まず向かうのは、その東京宝映の講座に週1～2回。あとはマンガ読んだり雑誌やテレビ見たり、ダラダラと時間を過ごしてました。「ひきこもり」とあんまり変わらない。ニートそのものです。『少年サンデー』や『ヤングサンデー』『ビッグコミックスピリッツ』なんかは隅から隅まで読んでいて、特に『ツルモク独身寮』は大好きでした。ちょうど主人公が私と同じくらいの年で、しかもなかなか仕事になじめなくて、共感するところがいっぱいあったんです。

あとはもう中学からずっと好きだった高橋留美子先生の『らんま1／2』かな。アニメも欠かさず見てました。日高のり子さんや山口勝平さん、林原めぐみさんが出演したイベントにも参加しましたね。

要するに、「オタク」そのもの。

そんな暮らししてるなら、家を出てバイトしながら一人暮らしでもすればいいじゃないかと、誰でも思うでしょ。それが出来なかったんです。

親からは、「一人暮らしなんか、お前ができるはずはない」って植え付けられていたので、自分はとてもやっていく自信がありませんでした。日々のおカネからして、両親頼みでしたし。

それに親の期待にもまったくそえずに、「ダメ人間」になってしまった自分に対して、自責の気持ちもあったのかもしれません。自律神経のバランスが崩れて、アトピーになってしまったんですね。病院に行ったら、

「普通は子供の時になるのに、キミは珍しいねぇ」

と言われました。

ひどかったですよ。ちょっとひっかいただけで、リンパ液が飛び出したりして。寝たきりになった時期もあったくらい。

治療しても全然回復の兆しもなくて、悪くなる一方でした。山梨に湯治にも行きました。長いと10日から2週間くらい。ずっと温泉生活です。自分のダメさに正直に向かい合えなくて、「全部、親が押し付けて来たプレッシャーのせいだ」とずっと恨んでいました。

こういった経験があるので、現在私は児童虐待や保護施設の施策、共同親権問題などは注視しています。

思い返すと、中1の夏休み、突然、「死」を意識するようになりました。「生まれる前の時間と死んでからの時間を考えると、今生きている時間はあっと言う間だ。死んでか

らは意識がない。つまり今は死の直前なのだ」。死のことをそう考えると怖くて怖くて仕方がなくなり、物事に手がつかなくなりました。眠りの浅い時なんか、やがて来る自分が死ぬ直前のイメージを見て、「ギェーッ！」って叫ぶようになったり。

この思考に打ち勝つ方法は、今を一生懸命生きることしかないのではないかと思いました。

「このままでは死ねない。お笑いは続けたい」

アトピーで寝込んだ時は、この先の人生、体調が悪いまま何事も成さず終わっていくのではないかという恐怖がありましたね。

ようやくハタチを過ぎたあたりからバイトを始めて、体のバランスもよくなったんでしょう。アトピーも治っていきました。ただし、「一人暮らし」は29になるまで、できませんでした。あんなに居づらい家なのに、なかなか飛び出せませんでした。

「手もみラーメン」から「スキップ魂」「オーシャンブルー」へ

アトピーになっても、東京宝映の講座はやめなかったのは、やっぱりお笑いが好きだったからでしょうね。それに親に「お前なんかお笑いでうまくいくはずない」とバカにされていたことへの反発の気持ちもあったのかもしれません。後に、「剣聖剣士」を組む山田将司も、ここで出会った仲間です。ただ将司は別のメンバーと「アンビシャス」ってトリオを組んでいて、その時点では、お互い、将来コンビになるなんて予感はなかったです。

東京宝映を出て、とりあえず入ったのが、元吉本の芸人だった人がやっていたインディーズのお笑い集団。新宿の路上で500円のライブチケット売ってたくらいですから、もちろん名前の知られた芸人なんていません。将司は、そこにいた女芸人をナンパしようとして、入りかけたのに、すぐやめてしまいました。私は新しい相方を捜したくて残りました。「手もみラーメン」は所詮は一時的に組んだコンビだったし、渡辺くんもそんなにやる気なかったから、とっくに解散というか、空中分解してましたから。

そこで見つけた相方が、玄間真悟くん。私と同い年で、一見ボーッとしてるけど、当時はバカルディだったさまぁ〜ずのラジオに投稿してた「ハガキ職人」で、ネタを書けるので頼りになりそうだったんです。さっそくつけたコンビ名が「スキップ魂」。私は吉田戦車さんの『伝染るんです。』が好きだったのですが、吉田戦車さんは本当はタイ

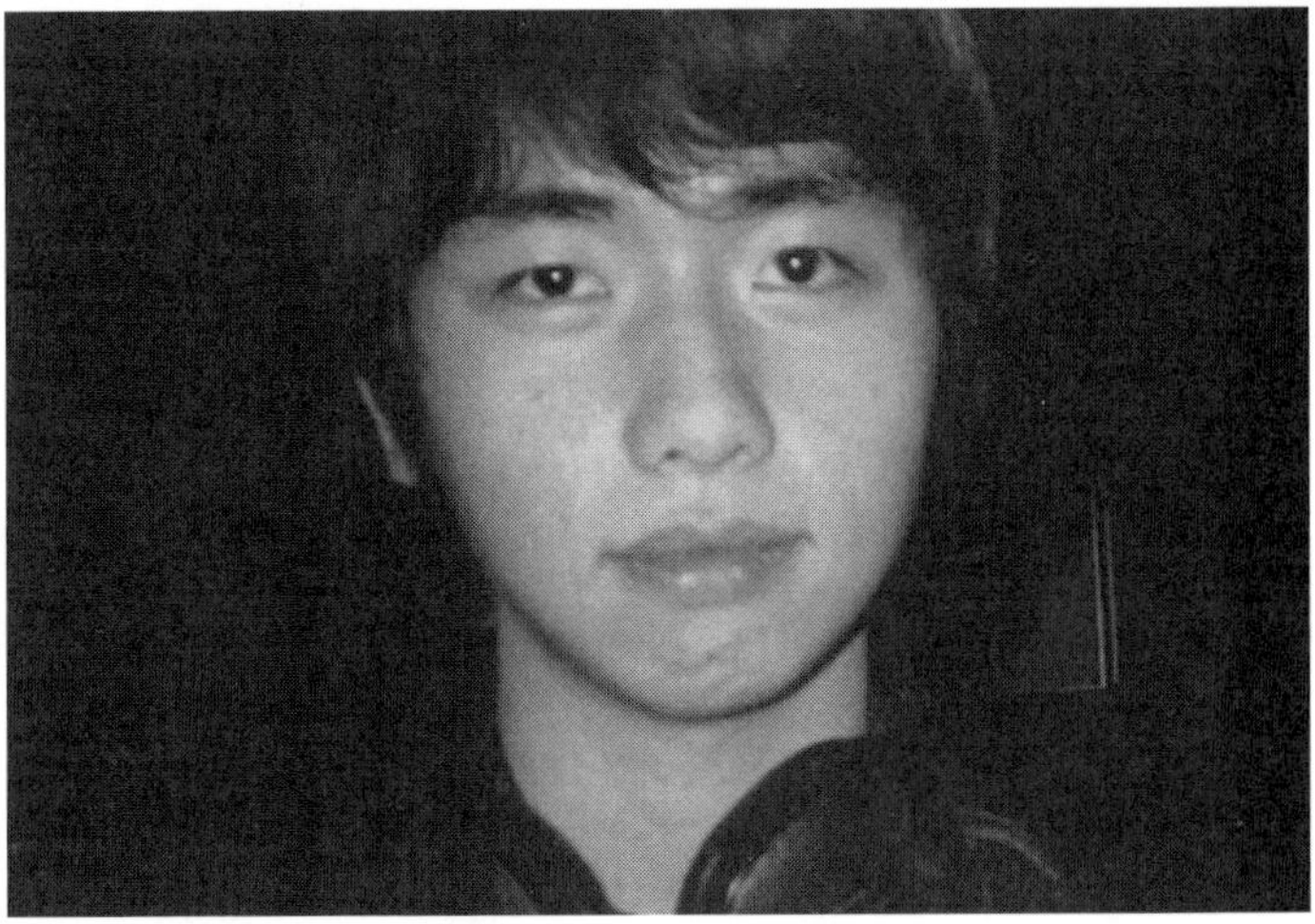
オーシャンブルー時代。23歳。

トルに『スキップ魂』と付けたかったそうで、そこからもらいました。
　でも玄間くん、そんなにやる気がなかった。「横浜のライブに出よう」と誘っても、「遠くて交通費がかかるから嫌だ」と断るような人でした。あの頃、赤信号の渡辺正行さんが主催する渋谷ラ・ママの「新人コント大会」が若手芸人の登竜門で、そこそこ知られている芸人からまったく無名の人から、ネタ見せにはたくさん集まってたんです。そこにスキップ魂も参加したんですが、私が遅刻してしまったんですね。そうして彼だけ受付の列に並んでいると、アンビシャスのメンバーの1人、大谷くんが、玄間くんに「帰りましょう」って誘って、そのまま帰っちゃったんですね。それきり戻って来ませんでした。

すると、ちょうどその同じインディーズの集団に出入りしていた、「メガビーム」ってコンビの伊藤勝通（かつゆき）、通称「イカチン」も、解散で1人になってた。

そこでイカチンに「組みましょう」って言われて出来たのが「オーシャンブルー」。わかります？　高校出て、ほんの2～3年のうちに、「手もみラーメン」になり、「スキップ魂」になり、「オーシャンブルー」になったわけです。こういうふうに相方コロコロ変えてる芸人て、なかなか売れませんよね。落ち着いてネタ作れないし。もうスタートからつまずいちゃった感じですかね。

オーシャンブルーで、ささやかな成功体験

しかし、イカチンと組んだオーシャンブルーは、けっこうウケたんです。

イカチンは、よゐこの浜口さんと有野さんを足して2で割ったみたいな雰囲気っていうのかな、ボケともツッコミともつかないキャラで、いるだけでオカしいタイプなんです。その彼の存在感を生かしたコントやったりすると、ネタ見せでは、審査するスタッ

フさん以上に、芸人仲間にウケました。

たとえば、「就職面接」のネタだとするでしょ。私は普通の面接官なのに、学生役のイカチンが、『ドラゴンボールZ』の枕を腕に抱えて面接に来る。こっちは「なんでそんなの持ってる?」ってツッコむと、「好きなんです、ドラゴンボール」って思い切りドラゴンボール愛を語り出したりする。ドラゴンボールZのカードをワイロに使って面接に通ろうとしたり。それで、私が心臓悪くて倒れたりしても、

「あ、早く行かないと『ドラゴンボールGT』はじまっちゃう」

と私を放って勝手に帰ったり。

どちらかといえば、ベタというより「シュール」なネタですよね。面接で、いきなり枕抱えてるわけですから。

このシュールな味付けがイカチンにピッタリだったのかもしれません。

試しに渡辺プロダクション、当時のいわゆるナベプロのネタ見せにも行きました。あの頃のワタナベは、若手ライブはやっていなかったし、ワタナベコメディースクールもなかったけど、見込みのありそうな人間がいると「預かり」にして、抱え込んでいたんです。さすがワタナベ、スキップ魂の時はネタ見せの会場も、当時、新宿区の河田町に

あったフジテレビの一室を借りてました。それにネタを見てくれるのも、事務所のマネージャーのほか、フジでやってた『ごっつええ感じ』のディレクターでした。オーシャンブルーの時は神谷町のロシア大使館の先の偕成ビルでやっていました。

ネタやったら、すぐに合格でした。ワタナベの「預かり芸人」として、とりあえず、外部に対しては「渡辺プロ所属」と言ってもいいことになりました。

嬉しかったですよ。イカチンだけCMのオーディションに呼ばれたり、事務所の方は相方のキャラに注目しているのはわかってましたが、それに乗って、こっちも売れちゃえばいいや、とポジティブにとらえてました。

ラ・ママの『新人コント大会』のネタ見せも、通りました。若手向けの「コーラスライン」のコーナーで、「つまんない」と思った観客が手を上げて、それが決まった数上がるとネタは強制的に終了のゴングショー形式なんですが、最後まで完走もできました。私が電車の中で『少年ジャンプ』読んでたら、隣りに座ったイカチンが、ずっと食いついてきて、読んでるマンガについてウンチク語ったり、カバンから紐で縛ったハムを取り出し食べ出すネタが笑いをとりました。アンケートには、同じ回に出ていた爆笑問題より、オーシャンブルーのが面白かった、なんて感想までありました。

自分の発想が世の中に受け入れられ、アトピーで寝たきりだった頃やりたくてもやれなかったお笑いを、全力でできる。

インディーズの団体で面白くないヤツらからいじられ、先輩から「お前の言ってることが正しいならラ・ママ出てみろよ」と言われ（一部評価してくれた人もいましたが）。それらが全部ひっくり返りました。

一気に前途に光が差しました。

しかしそれは私の力ではなく、相方のキャラクターの力だったのです。

考えてみたら、30年以上あった私の芸人時代で一番ウケてた「ピーク」がこの頃だったのかもしれない。そう思うと、ちょっと情けなくもあります。

でもオーシャンブルーも、1年半くらいしかもちませんでした。私の方がやる気満々で、イカチンはそこまで気合が入ってなかった。事務所に呼ばれて『とんねるずのみなさんのおかげです』に、事務所の先輩のＴＩＭさんが出演する、ついてはその応援に後輩たちも集まってくれ、なんて指示がくるわけですよ。たとえ「その他大勢」でもテレビの仕事だし、どこにチャンスがころがってるかわからないんで、私は張り切ってる。ところが、イカチンは遅刻でテレビ局に入れませんでした。怒りましたよ、こっちは。

「なんてことしてくれるんだ。責任取って坊主になれ！」

イカチン、おびえちゃったのかな。「もう一緒にやりたくない」って逃げちゃった。またまた解散です。

あれは惜しかった。続けておけばよかったなァ。

剣聖剣士で山田将司とコンビに

ここから、どういうお笑いを目指していったらいいのか、はっきりしない状態になりました。

オーシャンブルーが解散したら、私としてはもう次の相方を探さないと、となったんです。とてもピン芸人でやっていく自信はなかったから。そこで声をかけたのが東京宝映の講座で一緒だった山田将司でした。彼は、アンビシャスというトリオでウケていました。ただ、太田プロに「ウチに来ないか?」と誘われていたのに、大学受験があるからって断っちゃって、活動休止状態になってました。で、受験も終わったのを見計らって、「オレとやらない?」と連絡したわけです。学年は5つ下で年はちょっと離れてたけど、そこそこ話も合うし、あいつとならやれるんじゃないかなって。

久しぶりに会ってビックリしましたね。もう、髪を金髪に染めて、コテコテの「ギャル男」になってたんです。高校生の頃は、ヒップホップをやってたものの、そんなに変わった感じじゃなかったのに。

実際にネタを作って「ジェントルマン」のコンビ名で活動は始めました。2人とも野球の巨人軍が好きで、「巨人軍は紳士たれ」にあやかってつけました。そしたら、ネタ見せでもライブでも相方のギャル男ぶりに対して拒否反応がヒドいんです。若い女のコでも「こわーい！」って引いちゃう。

今より、もっと金髪のギャル男が世の中に受け入れられてない時代だったんでしょうね。

「チーマー」なんかが各地で残っていて、ギャル男とイメージがかぶって、恐れられていたりもしました。

ワタナベのネタ見せ行っても、明らかに見てる人たちの側の落胆が伝わってきました。オーシャーブルーの、ちょっとシュールな味付けのコントには、一定の理解者がいました。でも同じような設定でも、ギャル男が出て来た途端、もう世界が壊れちゃうみたいな。それでも1～2年は続けたのかな。こっちがウケない間に、ワタナベではほぼ同期の大隈いちろうやシャカがテレビに出るようになってきて、焦りました。

やはりこのままじゃムリだとなってジェントルマンは解散。ワタナベからも離れて、東大生だった平井邦明くんという人と「ダルクファクト」というコンビを組み、途中で「ランカウンター」と名前を変えても、ずっとウケない。参加料を払えば出られるライブに出て、チケット売っておカネを回収しようとしても、平井くんは友達がいないから、ぜんぜんチケット売れない。「東大」キャラでキャラを立たせようとしても、本人がどうも乗ってこない。

彼も、人生に迷いまくってましたね。せっかく入った東大なのに、人間関係が築けなくて誰も友達がいない。

結局、中退してしまったようです。母親とも仲が悪くて、実家と良い関係ではなかったみたいです。

どうしたらいいかな、と頭抱えてたら、将司から、「もう一回やり直そう」と言ってきて、「やってみるか」と組んだのが「剣聖剣士」。

しかしランカウンターは本妻で、しばらくは「剣聖剣士」はバンドを掛け持ちするようなつもりで両方やってました。

もうすでに30まで手が届きそうになって、ようやく家を出て一人暮らしをするようになったのもこの頃ですね。

『電波少年』のオーディションに参加

剣聖剣士でまず行ったのが浅井企画のネタ見せです。キャイ～ンも活躍してて、アニマル梯団も出てきて、浅井企画は勢いがありましたね。「ワイルドだろぉ～?」のスギちゃんが、まだメカドッグってコンビで浅井のネタ見せに来てました。

将司は、さすがにギャル男の色はちょっとだけ薄まっていました。最初はぜんぜんハマらなくて、ライブに呼ばれませんでしたが、5回目くらいのネタ見せかな。ドラマの『GTO』が当たってて、将司がその『GTO』にかぶれてる先生で私が生徒のコントをやったんです。ネタ見せ最初の頃は私がボケで将司をツッコミにしていたのですが、「逆のがいいんじゃないの」とアドバイスもらって、GTOのネタはそれまでとはボケツッコミを逆にしてみました。けっこうウケました。ライブにも出演して、そこでもウケました。

何とか浅井企画の「預かり芸人」として置いてもらえるようになって、そこでランカウンターは解散して剣聖剣士一本に絞ったんです。平井くんには、ずっと中途半端な形にしといて、申し訳なく思っています。

浅井に入ってしばらくして、事務所から「オーディションがあるから日本テレビに行ってくれ」と連絡がありました。でも、私も将司も何のオーディションなのかはまったく教えてもらえない。ピンと来ましたね。

「これ、『電波少年』じゃね？」

『進め！電波少年』はずっとテレビの人気番組で、ワタナベの同期のなすびや、浅井企画からも、無人島から脱出してスワンで世界を回ったRマニアや、東大目指して受験勉強させられた坂本ちゃんや、いろんな芸人が出演していました。とにかく突然拉致されて、過酷な状況の中でのサバイバルをさせられる、芸人にとっては名前を上げるメリットもあるかわりに心身共に追い詰められる、厳しい番組でありました。

どうも、その番組の次の企画に出る人間を捜すオーディションじゃないか？

もう麹町にあった日テレの会議室行って、すぐわかりました。『電波少年』を作ったので有名な土屋プロデューサーが目の前にいたから。

一応、その前で漫才のネタをやってみたものの、土屋さんの狙いはそっちじゃありません。

面接で聞かれた私生活でのエピソードの方が大事だったんです。すさまじいですよ。「カネに汚いクズ芸人」「女に汚いクズ芸人」「性格がねじ曲がったクズ芸人」の3人をホームレス社会で生活させて、その中から資本金300万円をためたホームレスの方を社長にする企画。こんなの、今じゃ絶対通らない。

で、「女に汚いクズ芸人」の候補として将司が呼ばれたんです。常々、「お笑いと女どっちとるかって言われたら、女とる」と公言し、「ネタ作りだ、ネタの練習だ」と言っても、「その日は合コンだ」「イベントサークルだ」「彼女と会う」と断りましたから。

「カネに汚い芸人」にはムネさん、「性格が曲がっている芸人」にはハイテンション石原くんが選ばれ、将司も「女に汚い芸人」としてオーディションに合格。後に『電波少年』でちょっと顔を知られるようになった石原くんが、

「さすがに山田さんはすごい。街歩いてたら、3回も知らない女のコから声かけられて、『オレもテレビに出て有名になったか』と思ったら、3回とも『私、一緒に出てたあの山田って人にヤラれたんです』って告白されて」

ホントに、女癖悪かったんですよ、将司は。

『電波少年』に出たのはあくまで将司で、私はその相方として、オーディションの様子を紹介する際に、ちょこっと顔が出るくらいでした。それで番組のコーナーが続く間は、一切将司とは連絡が取れずに、こっちも1人で活動するしかない。しょうがないんで、ライブのネタ見せでは、ピンで参加してました。

そのうち、『電波少年』は人気が落ちて打ち切りになり、将司もまた戻って来ました。

（証人）

岸　勝憲

1973年山形県出身。渡辺プロダクション（ナベプロ）のお笑い部門で井関と同期だった。その後、すぐにお笑いはやめてしまうが、井関との付き合いは30年近くに渡って続いている。現在、不動産会社を立ち上げて活動中。

ネタが面白かったのは最初の1回だけ！

ふかわりょうさん、ビビる大木さんなどがワタナベの先輩で、同期になるとなすび、いつもここからあたりですかね。同期はけっこうみんな仲良しで、よく飲みに行ってましたよ。

井関くんは、会ったはじめはギラギラしてて、人を寄せ付けない感じがありました。ちょっと「孤高の天才」ぽくて、しかも一発目のライブのネタが、すごくよかったんです。

その時、イカチンていう相方と組んでいて、そのイカチンはボーッと突っ立ってるだけで妙にオカシい。それで井関くんは、イカチンの見当はずれの反応をイジっていく。それでますますイカチンのオカシさが際立って、大ウケでした。これは「天才コンビ現る」の衝撃がありましたね。

ところが。そのコンビがすぐ解散しちゃった。そこから井関くんの迷走が始まるんです。別のコンビを組んだりピンにもなったりしたんですが、何をやっても、ちっとも面白くない。ずっと試行錯誤。イカチンとのコンビでは、ちょっとシュールな味がウケたんで、彼としては1人になってもそれで行こうとしたかもしれないけど、ただわかりにくいだけで、ちっとも笑えなかったり。

僕もお笑いをやめて彼のネタがどうなったかはわからないんですが、付き合いは続けてました。一緒に婚活パーティーに参加したり、彼がコーディネートして合コンやったりもあったし。芸人としてはともかく、そういう会のコーディネーターとしては、しゃべりもうまくて最高なんです。ただネタはつまらない。

ちょっと間があいて、僕が33歳くらいの頃でしたか、六本木の居酒屋の店長を始めた際に、井関くんが、バイトで働きに来てくれました。その頃はもうSMA（ソニー・ミュージックアーティスツ）所属じゃなかったかな。ビンボー芸人なはずなのに自家用車持ってましたから、さすが医者の息子は違う、と思いましたね。

それから僕は不動産の会社に勤めるようになって、4～5年前かな、突然、「ハンバーガー屋をやりたい」って言うんで、物件探しを手伝いました。結局、開いて1年くらいしかもたなかったな。コロナもあったし。

もうネタは一切やってなかったんでしょうね。本人は「お笑い芸人」と自称してましたが、イベントの司会とか、そればっかりやってたみたいだから。僕ももう20年以上、彼のネタは見た記憶がない。

区議選への立候補はそんなに意外でもなかったですよ。ハンバーガー屋をやめる前後から、会話してても、やたらと政治関係のことが多くなってたから。でも、住んでる部屋行くとゴミ屋敷みたいになってたし、店失敗して人生投げちゃったみたいな雰囲気もあって、まさか選挙に出て、しかも通るとは想像も出来なかったです。

選挙が2023年の4月で、その前の年までに中野区に住民票を移さないといけないんで、手続き一切は僕も手伝いました。事務所も借りないといけない。ぎりぎり12月25日くらいにすべてが完了しましたね。

当選が決まった時はびっくりでした。同期の大隈いちろうやルンルンキンジョウなんかも呼んで、お祝いで飲みました。

今も月に2~3回は飲むかな。中野区は、不動産関係の情報のネット化が遅れてるから、何とかしてくれ、って彼に頼んでます。

＊＊＊＊＊＊＊＊＊＊＊＊＊＊＊＊＊＊＊＊＊＊＊＊

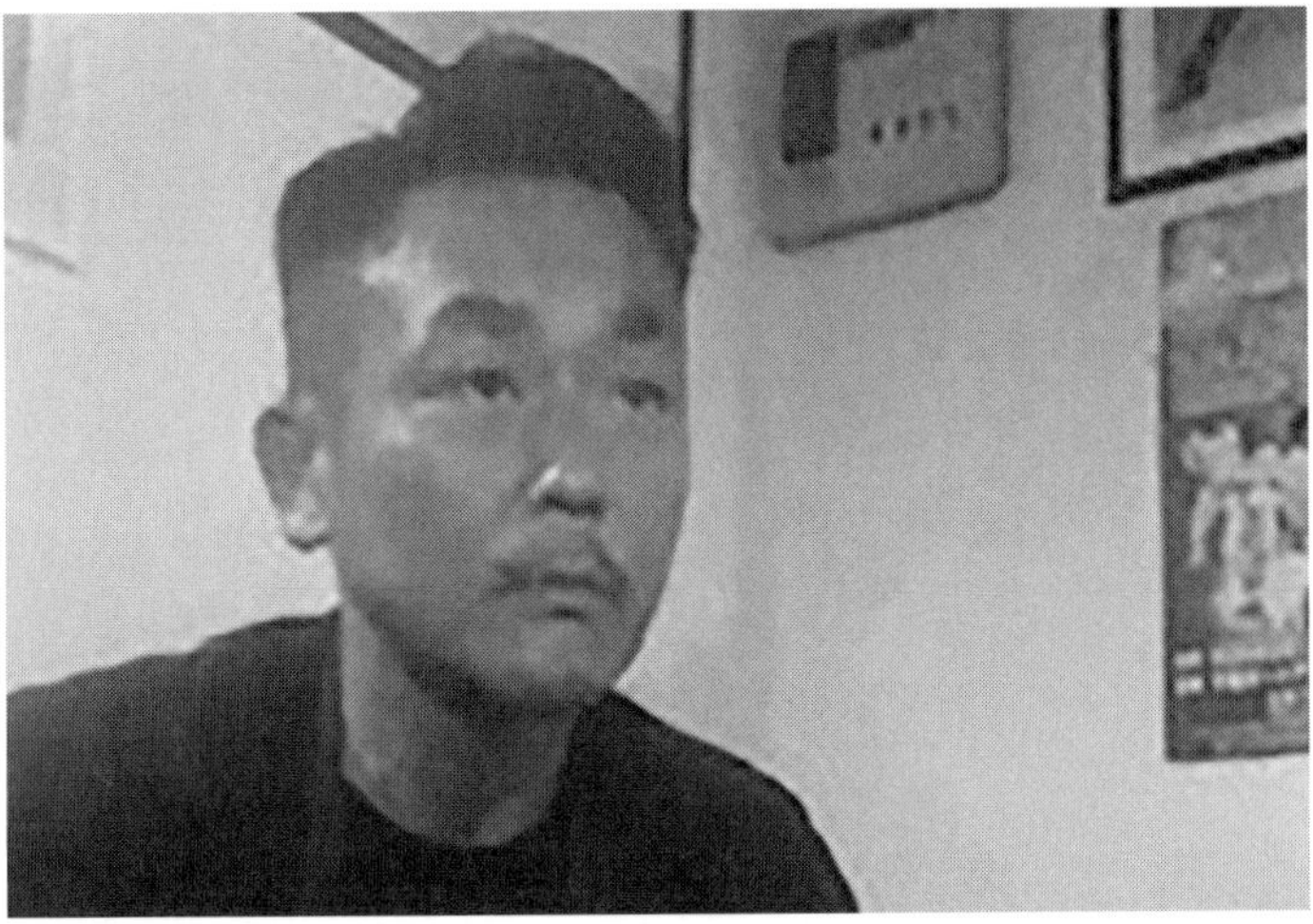

（証人）
山田将司

1978年千葉県出身。16歳の時、タレント養成所で井関と知り合い、後に2人でお笑いコンビ「ジェントルマン」を結成。一度は解散したものの、また「剣聖剣士」を結成。4年でまた解散。現在は千葉で飲食店を経営。

「またコンビ組もうよ」と、今、誘っている最中！

東京宝映という養成所があって、ぼくは高校生で通っていたんですが、その短期ゼミのお笑いコースで井関さんと出会ったんです。地味な童貞のオタクって感じで、ネタも学芸会みたいでちっとも笑えなかった。ぼくの方は、同期の男2人と「アンビシャス」ってトリオを組んでいて、まさかあんな人と組むようになるとは考えてもいませんでした。

井関さんを見直したのが、オーシャンブルーってコンビで渡辺プロダクションに出入りするようになってからかな。ぼくらもネタ見せの日取りとか教えてもらってワタナベに行くようになって、井関さんたちのネタも見るようになったんです。

オーシャンブルーのネタ、よかったんですよ。ベタベタではなく、シュール系で。井関さん自身もだいぶダイエットしたのか、シュッとした体形でカッコよくなってた。「アンビシャス」も高校生トリオとしてそこそこ注目もされてて、太田プロからも「うちに来ない？」と誘われたりしてたんですが、とりあえず大学入試もあるんで、活動は休止しました。

ぼくが大学入って、イベントサークルで活動するようになって、金髪、ヒョウ柄の典型的「ギャル男」になっていた時、井関さんから、

「オーシャンブルー解散したんで、一緒にやらない？」

と連絡入ったんです。ぼくもまたお笑いやりたくなってたんで、ＯＫしてやってみました。

コンビ名は「ジェントルマン」。ウケませんでした。たとえばぼくがベトナム人で、井関さんは日本人。２人はマラソンランナーでずっと走ってるだけで、ナレーションだけで笑いをとるネタやったりしたけど、ワタナベのネタ見せでもさっぱりウケない。井関さんにとっても、オーシャンブルーの時より、評価ダダ下がりだったみたい。

それで一度は解散して、ぼくは俳優の事務所に通ったりしていたんですが、お笑いを諦められなくて、今度はぼくのほうから「またやりません？」て声かけたんです。マンガの『バガボンド』のファンだったもんで、それにちなんでつけた名前が「剣聖剣士」。今まで行ったことのない事務所のネタ見せ行ってみよう、と欽ちゃんやコサキンの浅井企画にしました。

井関さん、テキトーでしたよ。ネタあわせで１時間２時間平気で遅刻してくるし、一

緒にネタ作りしてる最中、よく居眠りはじめて、「なんで寝るんですか?」って聞くと、「目を閉じて考えてただけ」とミエミエの言い訳をする。ただ、「絶対に人のネタはパクらない」と決めていたり、ぼくがつい路上でタバコのポイ捨てすると、「それ、犯罪」と厳しく指摘されたり、妙に真面目なところもある。

ネタは相変わらずユニークで、たとえばぼくが超メンヘラでホスト狂い、そのあげく子供を産んじゃった女。井関さんはサラリーマン。公園で出会って、井関さんがひたすらぼくに話しかけてくるのに、ぼくは「あ〜」しか答えない。これが浅井企画のネタ見せでスべったものの、ちょうどそこに参加していた波多陽区さんだけが「めちゃ面白い」って大絶賛。

そのあとに『電波少年』ですね。ぼくがオーディション通って、お笑いやめて、イベントサークルで女をナンパしまくる設定で『電波』に出演してて、放送が終わるまで井関さんはピンで活動してました。本当はルール上やっちゃいけないけど、公衆電話から井関さんに連絡したこともあったかな。

番組が終わって、また剣聖剣士で活動するようになって、どうも、井関さんがそんなに面白くないいんじゃないか、と感じるようになったんです。特にフリートークはスべる。

オーシャンブルーがよかったのも、相方のキャラクターだったんじゃないか。それで解散です。

もちろんぼくの結婚の時は披露宴に招待しました。ただ、ぼくの親族の席にあの人だけポツンと入って、「何でオレがここなの」とずっとコボしてた。

数年前、ハンバーガーショップ作って、ノープランで1年でつぶした時は、さすがに呆れました。ぼくも飲食業になってたんで、「この人、飲食ナメてる」と思った。ハンバーガー作りの修業って、ハワイに3泊5日で行って、向こうの店で食べ比べしてただけでしょ。それ、ただの観光じゃないですか。一応、店開く前には、ちょくちょくぼくの店にも来てくれたし、「もっと修業した方がいいですよ」とアドバイスしたりはしたんですが。

コンビでやってる時も、ちょくちょく「今の政治は間違ってる」みたいな話はしてたんで、政治には興味あるのは知ってたけど、まさか区議会議員になるとはね。現職の区議でお笑いやってるとなったら話題にもなりそうだし、「またコンビやりたい」って、最近はぼくが井関さん、誘ってます。

＊＊＊＊＊＊＊＊＊＊＊＊＊＊＊＊＊＊＊＊＊＊＊＊＊＊＊

浅井企画を離れて

相方の『電波少年』出演もあまり追い風にならず、また元のマイナー芸人としての活動が続きます。事務所からは『24時間テレビ』の深夜の、若手が集まるひな壇の仕事や、『Ｄｅｅｐ Ｌｏｖｅ』というテレビ東京のドラマに剣聖剣士で出してもらったりもしました。当時ハヤってたケータイ小説が原作で、援助交際する悲惨な女のコの物語。主役の女のコがバイトで働いている居酒屋の客の役で、私も将司も収録でアドリブでセリフ入れたら、放送ではアドリブの部分は全部カット。事務所ライブのネタ見せでも通らなくて、なかなかライブに出られない状態でした。

要するに、お笑い業界の一番後ろにしがみついてるだけ。

将司も焦ってましたね。つらいホームレス生活を強いられた割にはそんなに顔も売れず、このまま浅井企画にいてもダメなんじゃないかと、必死で別の受け皿探してました。将司が「人力舎に行きたい」と言い出したんで、そのネタ見せにも行きました。「バカ爆走！」って人力舎主催のお笑いライブがあって、その中の「ワイルドカード」コーナーで勝ち抜けばフリーの芸人も人力舎所属になれる決まりになっていたんで、それにも参加してみました。もう浅井では未来はない、と割り切っていたのかもしれません。ダメでしたね。ライブには出られたものの、つい勢い込んで、練習しすぎでネタとちっちゃった。まるっきりどうしようもなかった。

とりあえず浅井はやめました。ライブにも出られなくなっていたし。私としては、アミューズに入りたかったです。はい、あのサザンも所属している一流プロダクションの、あのアミューズです。アミューズがお笑い部門を作るらしいと聞き知って、ぜひにと思ったんです。ネタ見せに行ってみると、担当していたのがかつてワタナベのお笑い部門にいた伊藤さんという方で、剣聖剣士も伊藤さんから「じゃあアミューズで」とすぐにOKをもらいました。最初なんで1組でも多くいた方がいい、と考えたんでしょうか。

ところが、将司が乗り気にならなかった。「ちょっと待ってください」となかなかYESもNOも返してこない。

あとでわかりました。彼もアミューズには入りたかったんですね。ただ私とのコンビには限界を感じていたみたい。それで「オーディン」というコンビに加わって「赤だし」というトリオを別に組み、アミューズに入りました。

つまり結果的には私だけが置き去りです。

もうすでに30歳でしょ。辞める潮時といったらそうなのかもしれない。でもそう簡単にはいかないですね。さらに泥沼は続きます。

SMAのライブで一軍になるも・・・

次に入ったのがSMAです。今や錦鯉ややす子などの売れっ子が揃っているお笑いの一大勢力ですが、今から17~18年くらい前は、まだお笑い部門が立ちあがったばかりで、「エ? SMAがお笑いなんて手出すの?」と不思議がられていた頃です。

立ち上げたのは、やはり元ワタナベの平井精一さんで、当然、私のことは平井さんは覚えていると思ったら、忘れられてました。「ほら、昔、『猿の惑星』のビデオ貸してた」と話すと、ようやく「あ、あの医者の息子の」と思い出してくれました。

「クレージータイフーン」て、浅草のあんちゃんみたいな本間さんと、ウダツのあがらないニートっぽい平林くんともう1人でトリオ組んでて、もう1人が抜けるからって、そこに加わったんです。ネタのレベルは正直、ひどかったですね。滑舌もままならなくて、

ファイヤーワイヤー時代。33歳くらい。

何言ってるかわかんなかったりしました。

私が入ったのを機にトリオ名を「クレイジータイフーンZ」に変えて活動を開始しました。当時のSMAは五軍までありまして、三軍まで行ったところで、平林くんが辞めてしまいました。

そこで別のメンバーをSMAの中で捜し、学生でピン芸人をやっていた「西村ひよこ」に、クレイジータイフーンZに入ってもらいました。

しかし西村くんは私以上にお笑いに厳しくストイックで、セリフ覚えの悪い本間さんが抜けてしまいました。

残された西村くんと「コップクン」というコンビになりました。しかし、西村くんが就職決まって、やはりＳＭＡにいた下瀬ヒロシくんに声をかけて「ファイヤーワイヤー」を組みます。２人ともパソコンではＭａｃを使うんで、それにちなんだ名前を考えたんです。もう、何人目の相方だか、よくわかんなくなっちゃってる。

あの頃、ＳＭＡでは、とにかく芸人をたくさん集めて、ライブでのお客さんの投票によってクラスを分けてました。一軍から六軍まで広がっていましたね。一軍に確かジェニーゴーゴーや響なんかがいたかな。小梅太夫（現・コウメ太夫）なんかは、テレビには出てたのに、四軍あたりをうろちょろしてました。

ファイヤーワイヤーは、まずまずの出だしで、Ｍ－１の一回戦も通ったし、ＳＭＡの一軍にも上がったんです。私が女子高生、ヒロシくんが男子高生で合唱コンクールの練習をする、なんて設定の青春バカコントは、久々ウケました。

嬉しかったですよ。ネタがウケたと実感できたのは10年以上ぶりだから。

ところが、やっているうちにジワジワとランクが落ちてきて、三軍くらいに下がったところで、ヒロシくんから、「もうムリです」と言われました。ファイヤーワイヤーも、トータルで1年半くらいかな。

あとはもう、坂道を転げ落ちるように最底辺の六軍まで落ちていきました。

「デルモ」というコンビを組んだのも半年。しばらく「井関ゲンヂ」の名前でピンをやり、8番本間というピン芸人とコンビを組み「スキップ魂」を復活させたものの、これが六軍まで行って、もっとも八方塞がりでした。

気が付いたら38。それでも平井さんからは、「お前はもうムリ」とは言われなかったものの、いつまでいてもいいわけじゃないでしょ。SMAはやめたものの、お笑いは諦められない、太めの「エネン」て女のコと「減塩」というコンビを組んだり、「石津源治」と改名してピンの活動をしたりして、細々とお笑いはやっていました。

「石津源治」に改名したのは、オフクロの勧めでした。オフクロはお笑いはずーっと反対してまして、実家に帰るたびに「まだやっていたの」、「いつまでやるの」なんて言っていました。そんなオフクロがどういう風のふきまわしだか「あなた頑張ってるのに全然売れないから、芸名つけたらどう？　お母さんお金出してあげるから、いい占い師さんがいたら名前つけてもらいなさいよ」と言ってきました。そこでSMAの平井さんに「オレ以上に、オフクロがお笑いノイローゼになって。いい占い師さんがいたら芸名つけてもらったらって言ってるんですが、誰か占い師紹介してもらえませんか？」

とお願いしました。そしたら平井さんが、

「おぅ井関、お前2万円出せるか？」

「ハイ、オフクロが出しますんで」

「じゃあSMAでマネジメントしている占い師紹介してやるよ」

と紹介してくれました。

その占い師さんに生年月日を観てもらって、第一声。

「井関さん、今までの人生、相当悪かったですね」

私も、「本当に悪かったです…」と答えると、「いや、良いこともあったでしょう」と逆に言われました。

そして「井関さん、来年の2月から良くなります。それまで頑張って下さい。夜明け前が一番暗いです」と言われました。

そして良くなると言われた年の前年、占ってもらった年、2月に2ちゃんねるに個人情報が流出して、3月の誕生日に東日本大震災が起こり、4月に買った11万円の自転車が、6月に、買って2カ月しかたってないのに盗まれ、仕方なく古い自転車を乗っていたら1週間で3回パンクし、あまりにも可哀想に思った当時のスキップ魂の相方、8番本間がラーメンを奢ってくれたのですが、そのラーメン屋で財布を失くしました。

後輩から「井関さん、死ぬんじゃないですか」、「お祓い行った方が良いですよ」と言われました。

そして40になっても、結婚もせずにちゃんとした稼ぎもない。定職もなくてブラブラしてるんですから、親不孝そのものですね。

高校卒業から、40歳くらいまでの「お笑いでのキャリア」をお話しましたが、あまりにコロコロとコンビ名も相方も変わるので、読んでいる皆様も、頭がこんがらがってしまうのではないでしょうか。当の私自身がいささかこんがらがってしまいます。しかも、変わるたびに、どんどん底なし沼のように「どん底マイナー芸人」として、ズルズルと落ち込んでいく。我ながら救いようがありません。

アルバイトでは優秀なホールスタッフとして表彰されたことも

ここから、ちょっと「お笑い」ではなく、アルバイト歴の方を中心に語ってみたいと思います。さすがにアトピーも改善して、体調がよくなったあたりから、家でゴロゴロしてしてもしょうがないので、アルバイトを始めました。東京宝映の講座は週1回でしたし。

20歳になるかならないかくらいで、最初に働いたのは渋谷のカラオケパブでした。東京宝映で知り合った講師の先生の紹介です。ジョーダンズの山崎さんや、俳優の中野英雄さんなんかも常連の、ちょっとショーパブっぽくて、ステージもちゃんとあった店でしたが、入って9カ月でつぶれました。

その次が向ケ丘遊園のゲームセンター。メダルの補充や、故障した機械の修理とか。次に原宿のイタリアレストランで働きました。優秀なホールスタッフとして表彰もされましたし、社員にならないかと誘われたりもしました。そこの社長が芸能界好きで、店もテレビドラマの撮影や番組の打ち上げによく使われてました。

１９９９年から２０００年になるミレニアムの年越しも、そこで働いて迎えました。原宿駅前で明治神宮の初詣客が溢れんばかりで、もうアタマがおかしくなるくらいに大忙しだったのを覚えてます。２年9カ月くらいいたかな。

西麻布、市ヶ谷、お台場にも同じ系列の店があって、よくヘルプでそちらにも回りました。

しかし賄い代を徴収されることになったので、辞めました。

それから新宿のサブナードにあった、また別のイタリアンの店でも働きました。こちらも3年くらい。

ここで、ほとほと家族、特にオフクロのプレッシャーがイヤになって、30になっても実家暮らしでは体裁が悪いとも思い、29で一人暮らしを始めるんです。実は23の時も一人暮らししようか考えた時期はあったんですが、その時はそれより車が欲しくて、バイトで貯めてたカネで中古のスープラを買って、そのまま実家に居残りました。

ついに意を決した引っ越し先は杉並区和田の木造2階建てアパートの一室。最寄り駅は中野富士見町なんで、ほぼ中野、杉並との境のあたり。シャワーとトイレ付の家賃4万6千円はまずまずでそこに10年住んでました。ただ、1階北向きで壁も薄くて、冬はすごく寒かったです。

ちょっと歩くと、大家さんの家があって、コインランドリーが併設されてました。店子はそこの乾燥機がタダ。これはありがたかったです。

「一人暮らし」は自分で身の回りことを全部やらなきゃいけないので大変かと思ってたら、やってみるとかえって気楽でした。それまでも、玉川学園の実家では、食事はバイトしてる店の賄いですませてたし、帰って、自分の部屋で寝るだけだったんで、私だけ出入り口も違うし、家族ともほとんど顔合わせなかったんです。

一人暮らしで初の借金

引っ越ししてすぐは、ＩＴ関係の派遣の仕事ですかね。あの頃、暑中見舞いや年賀状を作成するパソコンソフトが良く出回っていました。パソコンを使い慣れてない高齢者の方とか向けに電話で使い方のサポートをする人間が必要になって、それをやりました。単発で家電量販店のプリンターやインターネット回線を売る販売員をやったり、日雇いで家電量販店で働いたり、引っ越しの手伝いやったり。

引っ越しは、夏場はつらかったですよ、汗だくだくで。

飲食店もやりました。居酒屋やったり、五反田のカレー店で働いたり。昼はカレー店、夜は居酒屋でとダブルで働いた時期もありました。

35歳の時でしたね。どうしてもカネがなくて、家賃も払えない状態で、初めてサラ金にカネ借りに行きました。そりゃ実家に行けば簡単ですが、それはしたくない。いっそ生活保護を申請しようかとも考えましたが、両親健在で、しかも実家はまあ、普通よりもカネ持ってる家だし、通るはずもない。とりあえず借りてしのぐしかないかなと。テレビでよくCMを見る大手2社に行って、正直にずっと派遣かアルバイトで、もう35になっているのを話したら、審査で断られちゃった。意外でしたね。審査で落とされるんだって。

やむを得ず、もっと審査厳しいかな、と心配しつつ銀行系のキャッシングに頼ってみたら、こちらは大丈夫。借りたのは20万円くらいでした。どうしてこっちが通ったのかはよくわかりません。

こんな生活をしてちゃいかん、とさすがの私も反省しまして、一念発起、就職活動をすることにしました。パソコンは一応、そこそこ使えるし、まだ35なら雇ってくれる会社もあるかもしれないと。ＳＭＡは、ネタ見せとライブが土曜か日曜で、サラリーマンをやりながら芸人をやっている人もいましたので。

給料をもらいながら、パソコンのプログラミングの勉強も出来て、お笑いの活動も続けられる会社を探しました。割にすぐ見つかりました。月給は20万円くらいで、手取りで15万円くらいだけど、とりあえず正社員で雇ってくれるという。

オフクロは喜びました。

ですが、その喜びは1週間しかもたなかった。やっぱり続かない。

オフクロには、ホントに「ごめんなさい」です。

その後始めたのが、派遣社員としての、ウィルスソフトのテクニカルサポートの仕事。ウイルスソフトの使い方をユーザーに教えたり、販売のサポートもやりました。この仕事は4年くらい続いたんですが、最後は派遣切りであえなくクビ。

しばらくは失業保険生活です。ウェブサイトの作り方などを教えるウェブデザインの職業訓練校にも通ったら、6カ月間出る保険が10カ月になったのが助かりました。

ただ、その後、ウェブデザインの仕事を始めたのが、「競馬のニセ予想サイト」を作るようないかがわしい会社で、こりゃヤバい、と1カ月半でやめました。

秋葉原での、グラビアアイドルのイベントのMCは、まだ30になる前に始めましたね。アイドル評論家で、お笑い芸人もやっていた村山ひとしさんと知り合いになって、村山さんから、

「お笑いやってるなら、イベントのMCも出来るんじゃないの」

と仕事をふってもらったんです。当時、村山さんには、たくさんイベントMCの仕事が入っていて、自分だけだと受けきれなかったみたい。それだけ秋葉原あたりでは、ア

イドルイベントが多かったんです。

対象はアイドルのＤＶＤを買ってくれるお客さん。トークで聞き手になったり、写真撮影タイムの仕切り役になったりして、1時間くらいを、アイドルとお客さん達で楽しんでもらうわけですね。ギャラは一本5千円。せいぜい月に8本くらいしかないから、ギャラは合わせて4万円くらいまでかな。

そのうち、村山さんを通してじゃなくて、直にＤＶＤメーカーから頼まれたりして、仕事も増えていきましたね。

会社役員となり、一戸建ても買う

38の年に、人生の転機が来ました。

父方の祖母がなくなったんです。実は、オヤジのオヤジも医者で、東京の九段で開業医をしていました。その九段の土地には7階建てのビルが建ってまして、祖父が死んだ後は祖母の持ち物だったんです。つまり祖母が死ねば、遺産でオヤジやオヤジの姉妹が引き継ぐ。

話し合いを重ねた末に、オヤジがその土地建物をまとめて継ぐことになって、それを管理する会社を設立したんです。ビルの家賃収入もそれなりにあるし、会社にしておく方が便利ですから。また、オヤジも年だったので、相続にまつわることについては、私がほとんどをやりました。

と同時に、私はその会社の役員になって、役員手当をもらう身分になってしまいました。だいたい月に20万円くらい。これでイベントのMCで月4~5万円稼げば、男の一人暮らしなら、十分に暮らせてしまう。

しかもさらにその上に、オヤジが、

「ワンルームの部屋に住んでるのは不経済だ。どうせなら家を買え。その分のカネは貸してやる」

その時住んでいた中野富士見町のアパートは、最初4万6千円だった家賃が、長く住んでいたので4万2千円に下げてくれていました。せっかく収入が入って来るようになり、貯金出来るかもしれないという段階になったし、一生地下芸人として生きていけるかもしれないとなったのに、私としては、そんな大きい買い物をして、借金を背負いたくはない訳です。

しかし実家に帰るたび、「早く家を買え。お父さんには次のビルを買うという夢があるんだ。お前が家を買わないと、次の夢に行けないんだ」と繰り返します。へきえきして家を買うことにしました。

かつてワタナベで一緒だった岸くんに相談に乗ってもらい、「銀行から借りるより、家族の中でお金を回した方が良いよ」とアドバイスしてくれました。オヤジは「カネはあるから」と言って、私には分不相応だと思いながら、世田谷の駒沢大学駅のそばの一軒家を買いました。

結局、いまだに年利1％でオヤジからの借金を返し続けています。低金利時代の現在、住宅ローンは1％未満です。しかし1％は利子を付けて返済しないと、贈与とみなされるかもしれないのです。これは暫く私の生活に重くのしかかりましたが、現在は人に貸しているので、助かっています。

家を買ってしばらくは、「減塩」というコンビを組んだ太めの女性・エネンちゃんも同居してました。同棲？　とんでもない。何とエネンちゃんは当時新婚で、そのご主人もいたのです。つまり私の家に夫婦と大家が一緒にいたわけです。奇妙といえば奇妙ですが、私はそういうのはあんまり気にしません。すぐに彼女たちは別に部屋を借りて出て行きましたが。

45歳くらいまで、私は働かずに家にいて、外に出るとしたら駒沢公園でランニングとか。一日10キロ走ったりしたんで、ダイエットだけははかどりました。「ニート」と言われれば「ニート」でした。

41歳で一度、42歳で一度、舞台に出ないかと誘われまして出ました。ただお笑いの活動はまったくはかばかしくなくなりました。「減塩」でどこかのライブに出ようかな、と考えたものの、ちっともネタが浮かんでこない。エネンちゃんも、太ってるけどそこそこかわいいキャラで、うまくツッコめば笑いを作れるんじゃないかと組んでみたんですが、急にネタが出来なくなりました。

どうしてなんだろう？　働かなくても生活できる環境にどっぷりつかってしまったのかもしれませんね。

イベントのMCはそこそこ順調

イベントのMCだけは続けていました。土曜日曜1本ずつとしても、1本5千円で月に4万くらい。ちょうどいいお小遣いにはなります。

グラビアアイドルのイベントといえば、秋葉原のラムタラとかソフマップとか書泉とかのイベントスペースでやります。

グラビアのコのイベントだと、だいたい集まるファンは平均して20〜30人くらい。そんなには多くない。

トークと撮影会、握手会を含めてもせいぜい時間も1時間前後。サイン会では、時にはファンの一人一人と握手するだけじゃなく、ファンの話を聞いてあげなくてはならない場合だってあります。「渋谷で見かけましたよ」「今、気に入ってるアニメは？」なんてとにかくファンはそのコとおしゃべりがしたくて会場に来ているのですから。ファン対応に慣れてるコなら、サインをしながらうまくあしらったりも出来るけど、出来ないコは1人に2分も3分もかかっちゃったりします。だからといって、DVDを5枚も10枚も買ってくれるわけではない。でも、すげなくしたら、ファンは離れていきます。逆にお客さんとの対応を濃くすると「神対応」ということで、イベントのお客さんは増えます。

そこでアイドルがスムーズな進行が出来ないと、メーカーは、MCに、とっとと前の客を引き離して次に回す「はがし役」を求めるんですね。ファンの人たちには恨まれるけど、仕方ない。仕事だから。

少し話はさかのぼりますが、私、あの２００８年の秋葉原通り魔殺人事件の日も、グラビアのコのイベントＭＣで、秋葉原に行ってましたよ。

まだ本番前で、どこかでご飯食べようかなと、自転車で走ってたら、ちょうど事件があった直後で、あちこちに血だまりがあって、通行人がガラケーで写真撮ってました。とりあえず警察から「通りに面している店舗はお客さんを全部外に出し、シャッターをおろして下さい」と指導がありました。やることもないので、ソフマップの屋上から下を見ていたら、やっと救急車が来ました。後で分かったことですが、もう犯人はつかまっていて、私を呼んだメーカーの人は、額から血を流している人を警察官が介抱している写真を撮影してて、それが実は逮捕の瞬間でした。写真はテレビ局に売れたそうです。

そんな大事件があってもイベントは中止しませんでした。私は集まった皆さんに、「今日来て頂いたお客さんはアイドルファンの鑑です」と持ち上げると、お客さんが非常に盛り上がった記憶があります。

秋葉原連続殺傷事件の犯人は、母親が非常に厳しかったそうです。あの犯人は、平行世界のもう一人の自分なのだ、まかり間違えば私もあの犯人のようになっていたかもしれない、そう思うことがあります。

1年で閉じたハンバーガーショップ

オヤジも、私がロクな仕事もしないでブラブラしてるのを気にかけていたんでしょうね。

「お父さんがおカネ出すから、店をやれ」

あ、じゃあハンバーガーやパンケーキを出す店をやってみようかな、となりました。45歳の頃です。さすがに全額をオヤジに頼るのは気が引けるんで、開店資金の一部は自分も負担しましたよ。

もともと幼稚園の頃、『逃げたパンケーキ』っていう絵本が大好きでした。自分が店やるならハンバーガーとパンケーキのカフェだと漠然と考えていました。

東京の食べログ上位のハンバーガー屋とパンケーキ屋はすべて行きました。大阪も1軒行きました。

44歳で生まれて初めて1人でハワイ旅行に行きました。胃薬を飲みながら、3泊5日をすべてハンバーガーとパンケーキで通して、10店舗を回りました。

どうせならココナツやタロイモソースを入れたハワイ風のパンケーキとか、あずきパンケーキなんかもいいいな、といろいろ構想はありました。

物件探しは、ワタナベ同期の岸くんに手伝ってもらって、家がある駒沢大駅に近いところを捜して、もともとステーキハウスだった池尻大橋の店を居抜きで借りることにしました。

ソフトドリンクは飲み放題、ハンバーガーのサイズはアメリカみたいにデカくを売り物にしようと決めました。

店名は「Ｕｎｄｅｒｐａｓｓ　Ｃａｆｅ」。20坪くらいで、席数も25くらいのそこそこの広さの店です。

結果から言いましょう。２０１８年10月に開店して、1年しか持たずに閉店しました。

理由はいくつもあります。店の排気がものすごく悪くて、肉を焼くとすごく煙が出るんです。そんなの、借りる前にチェックしておけば、と注意されそうですが、開店前のチェックではそこまでひどいとは想定してなかった。最終的に煙対策に１００万円以上

ハンバーガーショップをオープンした頃。

かかってしまいました。

自転車ユーザーに来てもらおうと思い、スポーツサイクルをかけられる自慢の看板を設置しました。設置してすぐ強風で壊れました。火災保険で直そうと思いましたが、外の看板は対象外でした。店の売りが一つなくなりました。

人件費もかけ過ぎました。最初は仕事を覚えてもらわないと、と思ってアルバイトを30人くらい雇ったんです。ところが、研修をやっても、やる気のある人材はほんの数人しかいない。それにメチャクチャ忙しい時には働く人がいなくて、ヒマなときにはいっぱい入ってるみたいなアンバランスがしょっちゅうで。

体力も限界でした。バイトが揃わない時間には、私自身が埋めるしかないんだし。人減らすと回らないし、人増やすと人件費が重たくかかる。

要するに、私が経営者には向いてなかったってことでしょうね。あらかじめ開店前にしっかりプランニングしておけば避けられた問題でつまずいちゃったんですから。オヤジは「応援するから」と励ましてくれたんですが、オフクロには「さっさとやめて」って言われて。

クズ芸人は経営者としてもクズだったんですねぇ。まったく振り返れば振り返るほどクズな半生ですね。

（証人）

村山ひとし

1972年東京出身。浅井企画のネタ見せに通うようになり、飯尾和樹と「La．おかき」を結成。関根勤主催の「カンコンキンシアター」にも出演。その後、アイドルイベントのMCとして活躍し、井関にもその仕事を紹介した。

決してアイドルに連絡先を聞いたりしないのが、エラい！

井関くんとは、浅井企画のネタ見せで知りあったんです。彼と山田くんがやってた剣聖剣士は面白いと思ったし、2人とも挨拶もしっかりしてました。同じ頃だと、あのスギちゃんのいたコンビ・メカドッグなんかもいたかな。

La.おかきが終わって、しばらくした2004年頃から、ぼく、アイドルのDVDイベントの司会をやるようになったんです。もともとアイドル好きでもあったし、メーカーの人とも知りあって、「芸人なんで司会できますよ。やらしてくださいよ」と話してたら、オファーが来るようになって。

ただアイドルイベントって、やるのは土日だけ。だから、ある程度、仕事が来るようになると、どうしても時間がカブっちゃう。それで、ぼくの知ってる若手芸人の中で、ぼくが行けないイベントをかわりに任せられる人を捜して、何人かの芸人にお願いしてみた結果、うまくいったのが井関くんだったんです。

社交性があるんですよね。女のコとも、メーカーの担当者とも、すぐ仲良しになれる。

コミュニケーション力って大事でしょ。スタッフやアイドルのコと麻雀までするような間柄になって、どんどん仲良くなっていったりする。

イベントでのトークの盛り上げ方も、ぼくとは違う。ぼくは、女のコにムチャ振りして、お客さんを沸かせるタイプ。無理やり、「このポーズで『ニャンニャン』て言って」とか、「『お兄ちゃん、大好き』ってつぶやいてみて」とか女のコは困っちゃったりするけど、お客のオタク心をくすぐるフレーズを言わせたりしてました。、井関くんはフレンドリーな感じで、女のコと接してさりげないトークの中で、スーッと、お客が喜びそうなオタクネタを入れてきたりする。

彼はもともとお笑いでもツッコミだったでしょ。だから、女のコがちょっとトチったりしても、「ほら、トチるのもカワイイな」とフレンドリーにツッコめる。

女のコをリラックスさせて、その場を和ませるのがうまいんだな。

当然、遅刻もしないし、あとは、決して、女のコの連絡先を聞いたりしない。ここ、重要なポイントなんです。ぼく、他のお笑い芸人も仕事、頼むでしょ。すると、そのアイドルのコと親しくなったと勘違いして連絡先聞いちゃう人がいたんですけど、これ、アイドルイベントのＭＣやる場合のルール違反。メーカーもマネージャーも一番いやがる行為なんです。井関くんは、そこはちゃんと守って、絶対に聞いたりしなかった。

その頃、秋葉原でイベントのMCやってる人間が集まって、年末、ライブをやる「アキバMC会」ってあったんです。お客さんはイベントに来る常連の人たちで、メーカーの担当者も集まって、けっこう賑やかにやってた。もちろんぼくも参加しましたが、井関くんも来ていて、いつの間にか全体の回し役というか、MCみたいになってた。

バランス感覚があるのかな。

＊＊＊＊＊＊＊＊＊＊＊＊＊＊＊＊＊＊＊＊＊＊＊＊＊＊

（証人）

下瀬ヒロシ

1979年山口県出身。SMAで出会い、2007年に井関と「ファイヤーワイヤー」を結成。SMAのライブで一軍まで昇格するが、わずか1年あまりで解散。

今、心配なのは、まったく根拠のない「自己評価」の高さ!

ぼくが井関さんを初めて見たのが「クレージータイフーンZ」てトリオをやっていた時です。井関さんは、どうもその「クレージータイフーンZ」には限界感じてたみたいで、「一緒にやってみない？」と声をかけられました。ちょうどぼくも相方探してた時だし、芸歴長い先輩とやってみたらプラスもあるかな、と試しにやってみることにしたんです。つけたコンビ名が「ファイヤーワイヤー」です。

漫才もコントもいろいろやってみました。事務所ライブでウケたのが「青春バカコント」。ぼくが学生服、井関さんがセーラー服の女のコ。本人は「女装すると、オレは長澤まさみそっくりになる」って自慢してたのを覚えてます。

それで井関さんが扮するのは、世の中勘違いしている「イタい女のコ」。まわりの男がみんな自分を狙ってるくらいに思っていて、「ね、あなたも私のこと、好きなんでしょ」。こっちは好きでも何でもないので、逃げようとすると、「また、照れちゃって」みたいに勘違いを重ねていくわけです。

これでSMAの一軍に上がれたんですが、あとはじり貧で、どんどんランクも下がってしまいました。ぼくは漫才が好きで、漫才にチャレンジしても、井関さんはずっとコントだったんで、普通のしゃべりに慣れてないんですね。どうしてもコント風の「演技のセリフ」になっちゃう。それに井関さんには、「解散グセ」っていったらいいかな、うまくいかないと相方をクルクル変えていくうちに、どんな笑いをやったらいいか見失っていくところはありました。

人柄はいいんですが、長く一緒にやっていくのは難しかったかな。

思い出といえば、持ち物にこだわりがあって、何十万円もする高級自転車もってたりすることかな。そのくせ家に行くと、部屋はムチャクチャ汚くて、足の踏み場もないくらい。そういうのは平気なんですね。

服装も無頓着でした。ぜんぜんセンスなくて、あまりにヒドいんで、ぼくが誕生日プレゼントにオシャレな服を買ってあげたくらい。

コンビの頃から、政治に興味がある話はしてました。井関さんが開いたハンバーガーショップにも数回行きましたが、その時も政治の話は出たかな。

選挙の際も、さすがに元相方なので、どうなるかは気になってはいました。よく通ったと思います。
これから中野区民のために一生懸命働いてほしいですが、ちょっと心配なのが、「うぬぼれがち」の体質かな。「女装したオレは長澤まさみそっくり」って本気で言うくらい自己評価が高い。そんなに面白くないネタ作っても、「どう？　最高だろ」って自信満々なんです。まわりの評価とのギャップが大きすぎる。それで調子に乗って、ヘンなスキャンダルだけは起こさないでほしいと願ってます。

****

第三章

「中年ニート」が政治の世界へ

政治への関心は『銀河英雄伝説』から

いよいよ、「クズ芸人」が政治の世界に向かっていくわけですが、なぜか私は10代の頃から、政治には強い関心を持っていました。きっかけとなったのは田中芳樹先生のSF小説『銀河英雄伝説』でした。皇帝と貴族たちが支配する銀河帝国と、自由で民主的な政治を目指す自由惑星同盟が長い戦いを繰り広げる物語。その中、人はどのように政治に関わるべきか、またどんな政治家が人々のために役立つのか、そうした要素がたっぷり織り込まれていて、私は、戦いの場面と同時に、その部分にもハマってしまったのです。

権力は、暴走を始めると、どこまでエスカレートしてしまうかわからない。それを止めるとしたら、民主主義の国なら、主権者である国民しかいない。そんなことも、この『銀河英雄伝説』で教わったのです。

その第一歩として、選挙こそは有権者の義務だと思って、20歳を過ぎたらどんな選挙でも欠かさず投票に行きました。

あと、まだ十代そこそこだったんですが、地元の玉川学園で、共産党の幹部の電話を公安警察が盗聴してて、それがバレたっていう事件があって、子供心に「権力者ってこういうことまでやるんだな」と憤慨した記憶もあります。「権力者たちは常に見張らないといけない」といった考え方は、私がずっと読んでいた手塚治虫先生の漫画にもしきりに出てくるので、それにも影響されたのかもしれません。

ただ、お笑いのネタとして政治をテーマにするっていうのはなかったですね。私たちがラ・ママのライブに出た頃なんて、爆笑問題は思いっきり政治ネタやってました。「今の政治家は地獄に堕ちろ」くらいは平気で言ってました。テレビでメインを張る今の方がずっとソフトなくらいです。

私は、そんな度胸はなかったですね。世間では、「野球、宗教、政治の話はしちゃいけない」という処世術がまことしやかに流れていました。自分から政治にコミットする気はありませんでした。

カンニング竹山さんも、テレビやライブでも、だんだん政治の話するようになって、「今の政治でいいんですか！」みたいなことで怒りだすようになったの見て、機会があれば自分ならもっと出来るのではないかと思ったりしました。

もし日本が戦争に向かおうとしたら、決して戦争にならないような活動に身を投じようとか、反逆罪でつかまってもいいから、徴兵制阻止のために働こうとか妄想してました。石原慎太郎が都知事になった時なんか、これが終わりの始まりかと心配になりました。あの人なら、本気で「戦争で戦え」って言いそうだったから。

「ネトウヨ」がバカにされた頃はまだよかったです。ここ10年、バカにされるよりも、共感する人が多くなってきています。ずっと「ヤバい」と危惧し続けているんです。

反原発で「れいわ新選組」山本代表に親近感

環境問題にも興味がありました。私、Ｍｒ．Ｃｈｉｌｄｒｅｎが好きで、野外イベントの「ａｐ　ｂａｎｋ　ｆｅｓ」に、ミスチル見たさにスタートした頃から行ってたんです。そこでパンフを買って読むと、洋上風力発電や波力発電を発展させれば原発がなくなっても日本の電気がまかなえる、とか、バイオマス発電について解説してありました。

で、その数年後に東日本大震災が起きて、あの原発事故でしょ。当時のマスコミは、民主党政権だったから統率力もなく、被害が広がった、って言ってたところが多かったけど、私は民主党だったから事故を隠ぺいせずに、正直に報道させたと思ってます。あれ、自民党なら、ウヤムヤなまま、誰も責任取らずにやり過ごしてますよ。

原発なくすにはどうしたらいいかな？　なんて、ただの売れないお笑い芸人のくせにずっと悩んだりしてました。

れいわ新選組の山本太郎代表が、福島の原発事故によって、俳優を辞め政治家を志すキッカケになったというのは、とても真面目だと思いました。山本代表が最初に衆議院選に立候補したのが杉並の選挙区で、私も杉並区に住んでいたから、その主張は自然に耳に入ってきました。「あ、自分と同じ感覚で原発のことを考えている人がいる」と注目するようになりました。

そういえば、2011年3月11日、東日本大震災の日が、偶然、私の37歳の誕生日なんですよ。あんまり関係ないけど。

宗教問題も他人事じゃありませんでした。

私が16歳くらいの時、当時朝日新聞に折り込みがあった霊視鑑定のチラシを見て、両親が鑑定に行きました。「長男に老婆の霊が後ろから覆いかぶさっている」と言われ、何十万円も払ってお祓いをしたそうです。そしてオフクロは小さな安っぽい仏壇を買わされて、朝夕、勤行（ごんぎょう）をするようになりました。

私はその非科学的な行為にイライラし、時折ヤメろと怒鳴っていました。程なくして、その宗教団体へ詐欺で警察の捜査が入ったことがテレビのニュースで報道されました。そしてその宗教団体はなくなりました。

つまり私の実家は宗教被害を受けていたのです。

しかしその後もオフクロは仏壇がいくらだったのかは決して口にせず、勤行こそやらなくなったものの、その仏壇はまだ実家にあります。

そして20歳くらいの時でした。新宿歩いていたら、「手相を見せてください」って声かけられて、つい見せてしまったら、「今のあなたは、ちょうど転機ですね」と断言されてしまった。私はその時入っていたお笑い団体を辞めようと思っていたので、「当たってる！」と思いました。さらに

「あなたは才能があるからもっと良い先生を紹介する。今度日暮里に来てほしい」

と言われ、ただで手相を観てもらえるならと、日暮里まで行きました。今度は日暮里

の喫茶店で、同じ人に、

「あなたを先生に紹介するには占い感覚では困る。もっとお笑いを辞めるくらい真剣に勉強する気があるなら先生を紹介する」

と言われました。こっちは笑いの道で迷ったので占ってもらおうと、日暮里まで来てるのです。まるで本末転倒じゃないですか。

「いやもっと良い先生に占ってもらえるということで来たのです。お笑いを辞める気なんてありません」

と伝えました。そうすると、その人は一度喫茶店の外に出て、どこかに電話をし、

「あなたは真剣さが足りないので、先生には紹介出来ないことになりました」

と告げられました。

このシチュエーションにちょっと面白くなった私は、「このことをネタにして良いですか？」と何度も訊きました。

不機嫌になったその人は（不機嫌になりたいのはこっちの方なのですが）、

「ネタにされるのは馬鹿にされるようなのでやめてほしい」

と言いました。

もうこの段になると私はネタにする気満々で、何か引っ張り出せないかと思い、「最後にもう一度手相を観て下さい」と言いました。

「あなたには色情霊がついています」

と皮肉を言われました。

その後、中学の同級生と顚末を話した時、「そんな転機だなんて、誰にでも当てはまることを言われたんじゃゃん」と指摘されました。言われてみれば確かにそうです。私はその時実際転機だったので、つい「当たってる！」と思ってしまいました。

後日新宿西口を歩いていると、今度は女性から「手相の勉強をしているので見せてください」と言われました。

その時はお笑い団体を辞め、ワタナベに入り、転機でもなんでもなかったので、確信を持って手相を見せました。

「今転機ですね」

と言われました。

その後、それが統一教会だってわかったんですね。確かにテレビのワイドショーでは合同結婚式が騒がれていた時期でしたが、まさか自分の元に、「統一教会です」とは一切名乗らないまま、ヒタヒタと近づいてくるとは思わなかったです。

それから、宗教問題も私にとっては重大な関心事になりました。特に統一教会が政府与党と深いパイプを持って、日本を牛耳っていたのが分かり、これはとんでもない世の中になってしまったのだ、と考えました。

政治と有権者をつなぐ「サポート役」になりたい

不思議なものです。売れない地下芸人って、いつでもこう考えているんです。「食うためにはバイトをやらなきゃならない。本当はバイトなんかやめて、お笑い一本でやりたいし、その分の時間があれば、いいネタ作って売れるチャンスはもっと広がる」

私もそうでした。けど、まったくそうじゃないんです。

39になって、オヤジが設立した会社の役員になってその報酬をもらうようになりました。だからバイトをまったくしなくても食えるようになったわけです。ところが、それからぜんぜんネタが作れなくなりました。

以前はバイトの合間に、ファミレスにノートパソコンもって、ネタを書きに行ってたんです。それが、前よりずっとたっぷり時間が出来て、ネタの数も増えそうなのに、さっぱり浮かばない。そのかわり、世の中の、ことに政治の話題になると、あとからあとからしゃべりたいことが出てくる。

集団的自衛権を一部認めた安全保障法制、「モリ・カケ・桜」、共謀罪の創設、消費税増税をはじめ、時の安倍政権は、数の力を頼りに、次から次へと日本を、おかしな方向に向かって進ませている。閣僚が不祥事を起こしてもなかなか辞任しないし、官房長官は、平然と「政府にとって都合の悪いことは報道するな」とマスコミに圧力をかける。

この頃ニコ生を始めたのですが、「テレビで即戦力になろう」というコンセプトの番組で、「世相を切る人になろうのコーナー」というのがありました。ワイドショーに出たときのコメント力を鍛えるというもので、出演者1人について1テーマ持ってきてその場でコメントをしてました。それでインプットとアウトプットが鍛えられました。

こんなのを見過ごしていいのか、といても立ってもいられなくなっていたんですね。

「こんな世の中でいいの？　日本変えなきゃダメでしょ」

日本を変える前に、まずお前が変われって言われそうですけどね。40にしてほぼニート。なのに生活には困らないし、家まで持ってるっておかしな境遇ですもん。しかし、

アキバのMCとしての活動が中心だった頃。

そんな立場だからこそ、普通にせっせと働いているサラリーマンの皆さんなんかがあまり意識しない、社会の矛盾に敏感になれたりするのかも知れません。このまま安保法案がすんなり通ったら、今のウクライナじゃないが、いつかは誰もが兵士として戦場に行かなくてはならなくなるかもしれない、と。それまでデモに参加したことはありませんでしたが、『モテキ』で知られる漫画家の久保ミツロウさんが安保法案反対のデモに参加したのをツイッター（現X）で知り、私も参加するようになりました。

もっとも、じゃあ、あなたはどう主体的に動くんですか？　と聞かれても、答えは出なかったですね。ニコ生でしゃべるのと、せいぜいデモに参加するくらいで、現実にやっていたのは、今まで通り、グラビアアイドルのイベントＭＣですから。

ほとんど働いていない私が、それだけはちゃんと続けていて、その世界ではちょっとした「売れっ子」になっていました。政治とは別に、「オタク系」の私は、やはりアイドルのオンナのコたちとトークするのは、お笑いライブにノルマ払って出るのと違って、ちゃんとギャラも発生し、やりがいを感じていました。

心がけていたのが、極力、下ネタやセクハラはやらないこと。芸人がＭＣやったりすると、お客さんウケを狙って、わざとアイドルが答えづらいような下ネタをふってきたりするケースは少なくないんですが、だいたいはタレントさんもイヤがるし、その場の空気も微妙になってしまう。あくまで主役は彼女たちであって、私たちは彼女たちを輝かせるスタッフの１人、と割り切るべきなんでしょうね。

ちょっとこじつけっぽくなりますが、政治家も、イベントＭＣも、自分が「主役」で目立とうではなくて、政治と有権者をつなぐ、またアイドルとお客さんをつなぐ「サポート役」であるべきなのかもしれません。

皆さんの前で、政治の話をわかりやすくすることにかけては、私は少しは他の方よりうまいんじゃないかと自負してます。それはお笑い芸人として、またイベントのMCとして、ずっと、どうやったらお客さんに喜んでもらったり、わかってもらったりできるかを考えてましたから。

れいわの都議選立候補者の公募に応募

ついに、「自分も動かなくてはいけない！」となったキッカケは新型コロナでした。私がハンバーガーショップの経営に失敗した翌年に始まったのがコロナ禍。たちまちのうちに世界中を覆って、東京オリンピックの開催まで延期になったのは、どなたも記憶に新しいことでしょう。

ですが、安倍政権はロックダウンも決断できず、給付金の支給やPCR検査の導入も後手後手に回りました。一方で、和牛商品券だの、旅行券だのの導入は素早く検討し、使い勝手の悪いアベノマスクには260億円もの予算をかける。

これは政権担当能力がない、このまま安倍内閣にまかせたら、いよいよヤバいのではないの？

そんな時に、ネットでれいわ新選組が都議会議員選挙の立候補者を公募しているのを知ったんです。選挙そのものは2021年7月で、私が公募を知ったのは1月でしたね。2019年の参議院選に「れいわ旋風」を巻き起こしたり、翌年、『れいわ一揆』という、その選挙の様子を追ったドキュメンタリー映画が話題になったり、れいわ新選組という存在が気にはなっていました。

でも、すぐに公募に応じようとは考えませんでした。不思議に、応募してもどうせ落ちる、なんてマイナス思考ではなく、れいわ新選組が本当に自分に合うのかを真剣に問い直してみたんです。

エラそうでしょう。ロクな仕事もやってないアラフィフのニートのくせに。けど、そういうところ、我ながら妙に強気なんです。

ネットの質問でもあるじゃないですか。

「あなたの考えに一番近い政党はどこですか？」

自民党は、もちろん合うわけない。公明党も違う。共産党は自由がなさそう。維新の会は第二自民党みたいだし、立憲民主党は体質的には合いそうだけど、財政緊縮なのが私と違う。そうなると社民党かれいわなんですが、将来に向けた発展性からすれば、れいわの方が見込みがある。

原発事故をキッカケに政治家を目指した山本代表にシンパシーを感じたのも事実です。この人は本気だ、そして考えが一緒だ。

もっとも、万一、れいわ新選組から都議選に出ても、当選できるかどうかは分かりませんでした。れいわ側が、地方議員を増やして党としての基盤を固める目標を持って公募を始めたのは確かでしょう。しかし、冷静にみて、どの選挙区見回しても、当選できそうな票数は取れそうにない。もしれいわから出ても、泡沫候補扱いされかねない。

オヤジに応募するかもと話すと、

「都議は無理だろう。区議ならまだチャンスはあるかもしれないが」

真面目に分析してくれました。

どうせ失うものはない。やってみることにしました。

「反原発、反消費税のれいわで立ちたい」

最初に必要な書類は戸籍謄本、履歴書、職務経歴書、それに小論文。小論文のテーマは「自分が都政でどういうことをしたいか？」。

小論文は、発電について書きました。東京都は東京電力の株主である。ならば発電方法について命令する資格がある。ぜひ波力発電や洋上風力発電などにもっと力を入れるよう、東電に働きかけるべき、と。

履歴書や職務経歴書には、バイトや派遣社員の経歴は入れましたし、当然、お笑いをやっているとも書きました。選考にはマイナスかもしれないけど、本当のことを書くしかないですもんね。さすがに、「コロコロとコンビの相方を変えるクズ芸人」とは書かなかったですよ。

2週間くらいしてからでしょうか。書類選考が通ったので、本部に来てほしいとの連絡があったんです。よくあの履歴書で通ったな、と逆に驚きましたね。

本部は麹町にある、古いビルの一室で、タバコで壁が黄ばんでいるような部屋でした。面接官としていたのは神奈川県座間市の市議で、れいわ新選組の事務局長の沖永明久さんと、補佐の方。まず聞かれたのが、

「地方選は、体力必要だけと、やっていける？」

国政選挙に比べても、マメに動き回らなくてはならないので、体力とともに、どこで

どんなことを言われても挫けない打たれ強さが必要だ、とクギを刺されましたね。

続いては「れいわに対して、どんなイメージがあるか?」私は「反原発で消費税に反対の姿勢はとても共感できる」と答えました。また、

「今、自分が住んでいるのは世田谷区なので、一応、世田谷で立候補するつもりではいるが、別の選挙区でも問題ないです」

と伝えました。

あくまで私が持った感想なのですが、応募者はそんなに多くはなかったのではないでしょうか。供託金を含めて選挙資金として、少なくとも何百万はかかるし、基本的には自分で揃えないといけない。でも、「れいわ新選組公認」で当選するかどうかは分からない。

面接が終わってから、また1カ月以上連絡を待ったでしょうか。私が受けたのは一次面接で、その後、山本代表も加わった最終面接がある予定でしたが、れいわ新選組の公認候補者発表の後くらいに当時の沖永事務局長から「代表判断で駄目でした」との連絡が来ました。

結果として、2021年の都議選で、れいわは3人立候補して、全員落選でした。僅

差でした。非常に残念でした。

リベンジ！　区議選の候補者公募に、またまた応募

2022年に入ったくらいでしょうか。ちょうどワタナベ時代に一緒だった大隈いちろうの紹介で、手相占いの島田秀平さんのYouTubeに呼んでもらった時に手相を見てもらったんです。その時言われたのが、

「来年がいいですね。そのためには今年、タネをまいておくといいです。いくつかタネをまいておくと、その内のいくつかが来年生えてきます」

そうだ、もっと世間にコミットしなきゃ、と反省しました。都議選の公募で落ちた後、またしても「ひきこもり中年」に戻っていたんですね。コロナもあって、ふさぎ込んだまま、部屋の中もゴミ屋敷みたいになっていました。

都議選以来、れいわ新選組のボランティアに参加したいとは思っていましたが、土日はどうしても秋葉原でMCの仕事がありました。

しかし、2022年の夏くらいに、また党のサイトで、今度は2023年の統一地方

選挙に向けて、区議や市議候補の公募をしているのを知りました。れいわとしては、前以上に本格的に地方議会に向けて議員を増やしていこうと方針を立てていたようです。しかも、区議選や市議選なら、当選も十分に視野に入れられそうです。

前の都議選の時に比べて、公募のハードルも、だいぶさがっていました。小論文や、戸籍謄本の提出は問わない。ダウンロードした履歴書だけ提出すればいい、と（結果、最後にはちゃんとした履歴書や戸籍謄本を提出することになりました）。

もう一度チャレンジしてみる決意を固めました。「中年引きこもり」の私だって、世の中のために働きたい。

最初の面接は品川の会議室でした。れいわ新選組が主催している「れいわ政治塾」のあとで、支持者の人達がたくさん集まっていました。

その皆さんが帰った後に、応募者が15人くらいいたでしょうか。1人ずつ呼ばれて面接を受けました。面接官は長谷川ういこさんと、本部の方でした。

「どういった政策を手掛けたいか？」

「200万円以上必要だった場合、選挙資金はどうするか？」

「地方選挙にはどんなイメージがあるか？」

など、いろいろ聞かれました。

政策に関していえば、まず「福岡でやっている、ゴミ捨てとゴミの回収を夜も出来る方式を取り入れたい」と答えました。東京の、特に23区の住民は、なかなか朝のゴミ出しを出来ない生活時間で生きてる人も多いので、改善したらいいと前々から考えていたんです。

「ap bank fes」にずっと行っている話や、エネルギー政策をなんとかしたい話もしました。

選挙資金に関しては、咄嗟に「実家が資産家なんで、問題ありません」と言ってしまいました。実家が金持ちキャラは封印するつもりだったのですが。地方選挙に対するイメージとしては、以前見た映画『選挙』の感想を中心に語りました。落下傘で川崎市議選に立候補して選挙運動をするドキュメンタリーです。地方議員の選挙とはそのイメージだと。

都議選候補の面接ではお笑い芸人をやっていたのを聞かれたのに、なぜかこの面接では聞かれなかったです。

その後、まだ面接がありましたが、その時はほぼ事実確認だけでした。唯一訊かれた質問が「あなたは統一教会と関係がありますか?」でした。

もちろん「いいえ」と答えました。それで終わりでした。

「つまずいても再出発できるまち」中野で立候補に決定

面接のあとは実践、という意味なんでしょうか、「研修」が始まりました。別に、どこかで合宿して、れいわの政策について学ぶとか、そういうものではありません。各地に出向いて、

「私達はれいわ新選組のボランティアの者です。ぜひれいわ新選組のポスターを貼らせてください」

そう頼んで回るんです。これを10日くらいやる。

やってみると楽じゃありません。「ダメ」と断られるだけならともかく、明らかにお休み中で、不機嫌になる人もいる。

それで挫けて、「私、やめます」と立候補を辞退した人も、もしかしていたかも知れません。

私はへっちゃらでした。お笑いライブでぜんぜんウケなかったり、アイドルイベントのMCで、店舗さんにメチャメチャ言われたり、そういう経験はいくらでもありましたから。

しかし全然貼らせてくれるお宅が見つかりません。最後の最後で、1軒だけ貼らせて頂いたお宅がありました。なんとか格好がつきました。

おかげ様で、「研修」はどうやら合格のようでした。

となれば、次に決めなくてはならないのは、立候補する選挙区です。その時点で、すでに私の住んでいた世田谷区は候補者が決定済みでした。本部から、

「今、まだ決まってないのは、新宿、渋谷、中野ですが、この中で希望はありますか？」

と訊かれました。

実は私、そんなに東京にはこだわってなかったんです。地方の市議や町議になって、そこでれいわの政策を広げていくのも面白いな、と漠然と思ってはいました。しかし党としては、まず東京でしっかりと根を張るのを目標としていたようです。

私は、「以前、10年中野富士見町駅の近くに住んでいて、新宿も渋谷も数年働いていたことがあり、どこも土地勘はあります。その3つであればどこでも大丈夫です」と答

えました。

1週間くらいしてからでしょうか、「中野に決まりました」と連絡がきました。

これで正式に中野区議選の「れいわ公認」の候補予定者になりました。

ちょっと不思議な気持ちはありましたよ。ずっとマトモに社会参加してないようなニートな中年でしょ。そんな人間をよく候補者にするもんだって。ただ、そういう私に「合格通知」をくれたれいわ新選組にはとても感謝しました。

前にもご紹介した中野区の標語。

「つまずいても再出発できるまち中野」

あれって私にピッタリだな、と後になってから、シミジミ感じました。振り返れば、実家にいた時は親と争ってばかり、つまずきまくりの半生でしたから。そんな私に「再出発」のチャンスを与えてくれたのがれいわ新選組なわけです。

「恩返し」は「れいわの裾野を拡げること」だと思いました。

（証人）くしぶち万里

1967年群馬県出身。国際NGOピースボートに勤務した後、2009年に衆議院議員に初当選。現在は2期目で、れいわ新選組共同代表。

まだまだ「地上戦」の部分が不十分！

まず、れいわ新選組は、選挙に行かない50％に、どうしたら選挙に行き、政治に関心を持っていただけるかをずっと考えてきました。そのためには、候補者には、既存のコースで政治の世界に入ってくるのとは違った方にも来て頂きたかった。

れいわ新選組にとっては初めての統一地方選挙。党の方針として、地方の議会にもたくさんの同志に加わっていただこうとしていて、ならば多様な分野から、様々な人たちに集ってほしいと思っていました。政治に関心を持ち、世の中をよくするために尽力したいのなら、どなたにもチャレンジの場が開かれているというわけです。

れいわはまだ小さい政党ですが、社会を変えたい人のための自由なプラットフォーム。公募の面接で井関さんと初めてお会いした印象は、話はうまい方だなと思いました。一般的には政治って「面白くなさそう」なイメージがある。それを「面白く」語って頂けそうな気はしました。あとで彼がキャッチフレーズに選んだ、

「おもしろきこともなき政治をおもしろく」

は、新しい政治文化を創りたい、という党の目的にも合致します。

さらには選挙戦に耐えられる体力をお持ちかと、一般の方をどれだけひきつける人間としての魅力があるか、なによりも困っている人に寄り添い行動できるかが重要です。

井関さんがお笑い芸人をやられていたのは知っていましたが、そこが候補者として選んだ一番の理由ではなかったです。

「選挙までにどれほど活動できますか？」

これが面接での最も重要な質問でした。何かの片手間で当選できるほど選挙は甘くはない。正直なところ、井関さんがどこまで選挙活動に集中できそうかはイメージ浮かびませんでした。でも、それまでやって来たこととは違う、全く新しい分野にチャレンジしようとする熱意はわかりました。今でもれいわの候補者の1人として、井関さんを選んだのは間違っていなかったと思っています。

選挙期間中は、全面的に支えてくれたボランティアの皆さんには、そのおかげで当選したのですから、いわば「落下傘候補」として来た井関さんは感謝してもしきれないでしょう。お互い人間同士、いろいろ行き違いがあっても、これから、中野区の中で、新しい「井関チーム」を作っていくことを期待しています。

その意味でも、井関さんには、議会活動はもちろん、日常から、ポスター貼り、駅立ち、自分の政治活動について報告するチラシ作りと配布、といった地道な活動にももっと力を入れてほしい。

議員になって1年の活動を見ていますと、井関さんは動画を使ったYouTubeでの活動報告をはじめ、「空中戦」といわれるような分野には一生懸命に力を注いでいる。他の地域の議員の方とのトークライブなども積極的です。先日の、まるでジョージ・オーウェルの『1984』が頭をよぎるような、岸田政権を批判したショートコントはよかった（ちょっと褒めすぎかな・笑）。それはもちろん素晴らしいことなんですが、一方で有権者の皆さん1人1人と、もっと直接に触れ合うのもとても大切なんです。ポスター貼りのお願いに行ったり、チラシを作って、それを駅前で配ったり、それを通して、有権者の方の声が入ってくるじゃないですか。それが、次の政治批判のエネルギーになるはず。

「あそこの道は狭くて交通事故の心配もあるから、ミラーをつけてほしい」

との要望を聞かされて、すぐ実際にその道を見に行ったりも出来る。

仲間を募って「中野探検団」を作って、みんなで町を歩いて、改善していくべき課題を発見していったっていい。また、井関さんなら、その課題をもとにコントを作って、よりわかりやすく、楽しく皆さんに知らせることだってできる。

二刀流が大事なんです。政治活動は、YouTubeのような「空中戦」と、ポスター貼りやチラシ配りのような「地上戦」と。人の心は、ネットを通した言葉だけでは、なかなか動かない。なにより、一目散に現場へ駆けつけて区民に寄り添える議員になってほしい。今のところ、井関さんは、まだその「地上戦」の方が不十分だと思います。

議員は2期目、持ち前の明るさと表現力を活かして、しっかり当選して、活動を継続できるかが勝負ですね。議員の1期目の活動に対する有権者の評価がそこで下されるわけですから。特に地域と密着している地方議員は。

井関さん、「地上戦」もしっかりね！

＊＊＊＊＊＊＊＊＊＊＊＊＊＊＊＊＊＊＊＊＊＊＊＊＊＊

第四章

14キロやせた選挙戦

「選挙活動」と「政治活動」

立候補の準備は選挙の前年、2022年の暮に始まりました。

まずはポスターの写真を撮らなくてはいけないのと、配る名刺やチラシ作り。ネットに掲載するプロフィールやキャッチフレーズも決めておかなくてはいけません。チラシなどは、あらかじめ党が全体のテンプレートを作って、それに自分独自の政策や主張も加えて、印刷は候補者各自でやるんです。

しかも私は、もともと世田谷区在住で中野区にやってきた「落下傘候補」なので、中野に新たに居住実績を作らなくてはいけない。お引越しですね。

まずポスター写真なのですが、立候補者として掲示板に貼るような選挙用のものは、選挙運動期間でしか使うのは許されません。その前に貼ると事前の選挙活動とみなされてアウトです。そのために「二連ポスター」というのを作るんですね。たとえば私とれいわの山本代表のそれぞれの顔写真を載せる。で、「立候補」とか「出馬」とかではなく、「演説会のお知らせ」のような内容にするわけです。公職選挙法では「選挙活動」は期間内以外は禁止されていても、「政治活動」ならＯＫ。だから二連ポスターなら、期間以外で貼っていいのです。

ポスターも、党が印刷してくれるのですが、写真の方は自分がスタジオを予約して撮ってもらわないといけません。これがまた、けっこう大変。ポスターを撮影するスタジオは限られている。だったら、普通の写真館とかで撮ればいいじゃないかとつい思いがちですが、党の人達から、「こういうものは、出来ればそれ専門のところで撮った方がいいですよ」とアドバイスされました。

やってみて、その意味が理解できましたね。そうしたスタジオは、政治家のポスターについてのノウハウをしっかり持っているのです。ヘアメイクから顔のメイク、どういうアングルでどういう表情をしたらいいか、カメラ目線がいいか、ちょっと微笑んだ方がいいか、など有権者に好感を持たれそうな「ツボ」がわかっているんですね。まさに長年の経験。党から教えてもらったスタジオは予約がいっぱいで、なんとか池袋のスタジオで早めの対応を融通して頂けることになりました。

写真を受け取るのもすぐにとはいかずに、１日がかりでしたね。

「選挙活動」と「政治活動」の違いについては、党の方でみっちり教わりました。

選挙期間中を除けば、演説でも「出馬します」「立候補します」はダメなんです。ただし「チャレンジします」はＯＫ。タスキでも個人名の入ったタスキは、選挙期間中以外はダメで、政党名ならＯＫ。それで無所属の候補者の方は「本人」なんてタスキをかけて回ったりしてます。

街宣車で回る時も、選挙期間前は個人名の連呼なんて、やったらダメ。しかし、「中野区政にチャレンジする井関源二です」は大丈夫なんです。どうもいまだにこの公職選挙法の規定がよくわからないところがある。

我々候補者は、一番最初に、公職選挙法のグレーゾーンを突くことを教わるのです。これでは日本は法の目をかいくぐって悪いことをする政治家ばかりになるわけです。供託金を含め、この日本の選挙制度はなんとかしなきゃなりませんね。

演説も、期間前は、私有地以外ならどこでやってもいい。あくまで「政治活動」だから。普段から駅前でやってる方、ときどきいますよね。

実は候補者名も少し迷いました。「井関源二」の「源二」は本名は「もとかず」なんです。それで「井関もとかず」にするか、芸名として名乗っていた「石津源治」でいくか、本

選挙運動用ポスター。

来の「井関源二」を通すか。これも結局、占いの先生に診てもらったら「井関源二」がいいとなって、決めました。

党に井関源二にすると報告したところ、「井関源二（いせきもとかず）という読み方で立候補すると、投票用紙にげんじと書かれた場合、無効票になる可能性があるので、一度中野区選挙管理委員会に確認して下さい」と言われました。

選管に問い合わせすると、その可能性は確かにあるとのことでした。

もろもろ総合的に検討し、「井関源二（いせきげんじ）」で行くことを決めました。

居住実績のために、急いでお引越し

キャッチフレーズとプロフィールを早く出すように党からせっつかれました。キャッチフレーズの方は、

「生きづらい世の中を生きやすく」

としました。ふっと浮かびました。

公認がおりた時点で、実は私の同級生2人、先輩1人、後輩2人自殺し、同世代が4人病死していました。

新型コロナ禍で若い女性の自殺率も上がっていました。

日本の若者の死因の1位は自殺です。

私自身、消費税の増税と不景気と新型コロナ禍の対応のマズさに、誰より生きづらさを感じていました。

この現状をなんとかしたかったのです。

党でもキャッチフレーズはあっさり通りました。ただ、名刺やチラシに載せるプロ

フィールについては、のちのち、けっこうダメ出しをもらいましたね。

その一部をご紹介すると、

「アニメ検定4級。うる星やつらグッズコレクター。お笑い芸人歴31年。コンビ時代、元相方が電波少年で連れて行かれた経験あり。なかの芸能小劇場、twl、中野Vスタジオなど出演。現在秋葉原のイベントMCを中心に活動。

旧統一教会問題をはじめ、今の世の中の笑えない状況に政治へのコミットを決意。銀英伝のジェシカ・エドワーズがトリューニヒト政権や憂国騎士団と対峙するイメージで自公民や一部レイシストと対峙」

党の中には、「なんですか、こりゃ?」と呆れていた人もいたみたいです。しかし本部のOKが出、時間もなかったんで、チラシも名刺もこのプロフィールでいきました。

住まいも急いで探さないといけませんでした。

告示日の前日を基準に3カ月以上住んでいなければならないんです。以前、スーパークレイジー君という人が、埼玉県戸田市の市会議員に当選したにもかかわらず、居住実績なしで当選無効に追い込まれたケースがありました。

告示日は2023年4月16日。余裕を持って2022年12月には引っ越しを終えようと部屋探しに動いたのですが、どうにか探して契約しようとしたところでコロナにかかってしまい、1週間くらい休養を強いられてしまいました。

この住まいを決める時、ボランティアの方から、他の候補と地域が重ならない、そしてボランティアの人達が集まりやすい中野区の中心に近い地域が良いのではないかとアドバイスがありました。一応、私のような、他に住んでいた落下傘候補でも、その住まいのある場所が「地元」になるんですね。ですから、出来るだけ他の候補と競合しない、つまり他の人が住居や事務所にしていない地域を選びました。ネットでチェックすると、だいたい他の区議の地盤はわかります。もっとも自民党の候補なら、あまり気にしなくてもいいかもしれません。支持してくれそうな人はれいわとはカブりません。気を付けるべきは立憲民主党や共産党などです。

あと、選挙を手伝って頂くボランティアの方も出入りするので、出来れば最低2部屋はあったほうがいいと思いました。中野区のれいわの候補者は私1人だったんで、ボランティアの方もけっこう多かったんです。

最初は住居兼選挙事務所にしたかったのですが、党から「事務所と街宣車を用意しないと、当選はおぼつきません」と言われて、1カ所での共用は断念しました。

選管にも、「1月15日まではいいことになっていますが、出来れば年内に」とアドバイスをうけて、契約が成立すると同時に、年も押し詰まった頃に、あわただしく世田谷区駒沢大学前の自宅から中野6丁目にお引越しでした。夜逃げみたいでしたよ。契約は、度々登場する、昔、一緒にお笑い芸人としてワタナベに所属していて、その後、不動産会社のサラリーマンになった岸勝憲くんに手伝ってもらいました。

ポス活は、最初は「飛び込み」から

準備が一通り終わったら、4月の選挙に向けて、「政治活動」です。

主たる活動は2つ。「ポス活」と「駅立ち」です。

「ポス活」のほうは、候補者自らがポスターを持って、中野区内の各地に二連ポスターを貼ってもらうようにお願いして回ること。ほぼ1月から3月までの日中は、これに費やしました。移動は、主に自転車です。

貼って頂くにしても、いろいろなやり方があります。予約なしの完全な飛び込みで、いろいろな党のポスターが貼られているような場所にお願いに行く「多党貼り」なんかは、そこを通る通行人の方たちに訴求効果がありますね。

外食した食堂やレストランなどで「ポスターお願いできますか?」とやるのもいい。ご飯を食べて、料金を支払った上でなので、普通のお宅よりOKが出る確率が高い。

当然、全く見ず知らずのお宅にお願いにいくケースもあるものの、それはなかなかOKが出ない。

大変でした。本来、れいわ新選組としては、支持していただくメンバーとして、「れいわフレンズ」「れいわオーナーズ」という組織があって、その名簿もあるんです。さらに、以前の選挙で、ボランティアの皆さんによってポスターを貼らせて頂いたお宅の名簿もある。本来はそれを使って効率的に回れるはずなのに、党は最初、その名簿を見せてくれません。はじめから楽せずに、新たな支持者を発掘しろ、ってことなのかもしれませんね。そうなると、飛び込みで行くしかない。

1カ月くらいしてからでしょうか。名簿をもらえるようになって、ポスターの貼り替えがだいぶ効率的になりました。

私が「ポス活」をする前に、ずっと「れいわ新選組」の政党ポスターを貼って頂いているようなお宅は、二連ポスターに張り替えるのはスムーズです。ただ、これは後の話になりますが、選挙の告示日前には、「流し込み」といって、また二連ポスターを政党ポスターに変えなきゃいけません。選挙期間中に二連ポスターが残っているのも、これまた公職選挙法違反なのです。選挙期間中で貼っていいのは、掲示板のメインポスターと政党ポスターだけ。

中野区全域を回りました。区内で、あの『タッチ』のあだち充先生宅を発見した時は、なんか急にやる気が出てきましたね。オタク魂がうずいたというか。めげそうになる私の心にアドレナリンが生まれました。

私自身も知ってもらえる。「ポス活」は、もともとのれいわ支持者の方たちへのアピールと、新規掘り起しの両方にとって大切なものなんです。

本部から1度、長年反原発活動をやられている木村結さんから2度、ポスターの件で連絡がありました。本部からは「無断で貼られていると通報があった」、木村さんからは「貼ってあったポスターがはがれている」と。

しかし本部経由のポスターは無断で貼ったものではなく、家主さんの許可を得て貼った場所でした。ピンと来た私はその場所にポスターを見に行きました。カッターで切られていました。

木村さんからは「せっかくはがれていると教えたのに、なんで貼らないのか、そんな候補いない」という連絡でしたが、実は連絡があってから即貼り直しに行っていたのです。

政治のポスターをはいだりいたずらをするのは公職選挙法違反になります。そんな法を犯してまで、私みたいなモンのポスターをはがすなんて、もしかして泡沫候補ではなく、当選圏内と意識されているのか？

政治活動を開始して、初めて手応えを感じました。

そういえば、「公選ハガキ」も選挙独特のものですね。中野区だったら２０００枚公費でハガキを出していいんですが、その前に、一応、前もって４５００枚くらい自分で公選ハガキ用のハガキを作って、街宣中に話しかけて頂いた方、区内オーナーズ・フレンズ登録をして頂いている方に配っておくんですね。それで、その公選ハガキには有権者ご本人の住所氏名を書いて、返信用封筒に入れてこちらに送っていただく。

わざわざ書いて送ってくれるのですから、これは自分を支持してくれる可能性の高い大切なリストです。その皆さんに、告示日を過ぎてから改めて公選ハガキを出し、「ぜひよろしく！」とダメ押しのお願いをするんですね。

もともと中野区でれいわ支持者の名簿はそれほど多くなかったし、しかも区の特徴としてやたらと住民の入れ替えが激しい。それでも党から名簿をもらえるのはありがたかったですね。つくづく無所属の立候補はキツいだろうなと感じました。名簿ゼロですから。

「駅立ち」では、東中野で熾烈な場所取り

駅前に立って街頭演説する「駅立ち」も、政治活動の基本中の基本です。とにかく政策を知って頂く以上に、選挙前に私の顔と名前を知ってもらわなくてはいけません。だから、他の、特に現職の候補より長くやるようにしました。出勤と帰宅の皆さんに向けて朝は7〜9時、夕方は19〜21時とか。

党の作戦で、1日ごとに場所を変えて一通り回った後に、1週間同じ場所でやったり。これは、まずは知名度アップを先にして、少し落ち着いたころに、じっくりと政策について語らせようという考えなんでしょうか。

スタートはやはり中野の表玄関ともいえる中野駅北口。次が南口。それから東中野、

新中野、中野坂上、新井薬師前、沼袋、野方、都立家政、鷺ノ宮、中野新橋、中野富士見町、新江古田といった形で続けていきます。東高円寺、方南町にも足を運びましたね。あそこは杉並区ですけど、乗降客の半分は中野区民ですから。落合も新宿区と中野区にまたがっています。富士見台も駅舎は練馬区ですが、南側は即中野区なので、行きました。

場所取りは熾烈でした。中野駅より東中野の方が厳しかったです。中野駅は区外の乗降客の比率もけっこう高いでしょ。東中野は多くが中野区民なんで。ちょっと遅くなると、もういい場所とられて「駅立ち難民」になっちゃう。ひどい時は、東中野↓中野↓新中野↓中野坂上と空いてる場所を探しさまよいました。中でも駅前で一番目立つような場所は、候補者同士で調整しないとどうしようもなかったりします。

熱心だったのは共産党ですね。駅立ちが大好きみたい。立憲民主党もいました。反対に自民党の候補は、街宣車だけで、駅立ちもやってない人が多かったです。ちょうど旧統一教会問題が騒がれていて、あまり顔出しがしにくいのもあったのでしょうか。

私は、候補者が多くいる時間と場所はできるだけ避けて、いないところを攻めるようにしました。

けっこう穴場ってあるんですね。中心地の中野駅北口でも、朝8時を過ぎたら、候補者いなくなっちゃう。人通りは多いのに。もう中野在住の皆さんは多く出勤した後だから、と判断してるのかも。私は、それから朝8時以降やりました

東中野は、朝の時間帯が一度も取れませんでした。18時以降によく行ってました。地下鉄東西線の落合とか、西武新宿線の沼袋とかは、けっこう声もかけてもらって反応がよかったのに、中野坂上、方南町、東高円寺といった地下鉄丸ノ内線沿線は反応薄かった気がします。地域の方の支持層とれいわ新選組との相性があるのでしょうか。

要するに、タイムスケジュールは朝夕が駅立ちで、日中はポス活。これが1月から3月までずっと続きました。そのまま選挙期間に突入して、開票日に測ったら、年の始めと比べて14キロやせてました。ダイエットしたいなら選挙運動ですね。ただ、リバウンドで、選挙終わって10キロ太りましたけど。

党には、その日、どこで何時間駅立ちをして、ポスターは何枚貼れたか、毎日エクセルで管理し、毎週報告してました。新米の営業部員みたいですね。

後悔しないため、選挙事務所を借りる！

3月に入ったあたりから、いくつもの行事が加わっていきます。

8日には、永田町の衆議院第2議員会館で、4月の統一地方選挙における、れいわの市議選、区議選の公認候補者が揃っての記者会見がありました。

残念ながら、あまり盛り上がりませんでした。来たマスコミはたった3社。高井幹事長が3回くらい「質問はよろしいですか？」とマスコミの方に聞くのですが、質問が1問も来ません。私は内心「もう止めて！」と思っていました。

ちなみにちょうど同じ時間帯にN国党の記者会見もあって、ガーシー問題が騒がれていた時期なので、そっちはすごく盛り上がっていたらしいです。でも、記者会見が盛り上がれば得票数も増えるわけでもないし、東京ブロックの大勢の仲間が道連れだったので、大して気になりませんでした。

私は会見に、市民団体の方が作成した表をお借りしてパネルにしたものを持ち込んで臨みました。他の候補たちから「フリップ芸？　フリップ芸？」といじられました。

お笑いのネタの方程式に「ツカミ」というものがあります。ネタの序盤に笑いを取っておくと、お客さんが受け入れやすくなるというものです。私はそのツカミを意識して、「現在、ポスターを撮影した時より11キロ痩せまして、顔が違う問題が発生しております。これは後で党の方と相談したいと思います。そしてもう一つ取り組みたい問題がこちらの表です」

と続け、パネルを出しました。この模様はＹｏｕＴｕｂｅでライブ配信されていたのですが、この記者会見を見た方々から、私のツイッターに「面白かったです」、「真面目一辺倒ではなく、井関さんみたいなユーモアを入れると良いです」などの反応を多数いただきました。

ちなみに、そこでの私の自己紹介は、

「元気！　勇気！　井関！」

しかし、自民党の鳥居みずき候補が、

「元気！　勇気！　みずき！」

と、キャッチフレーズまさかの丸かぶり！

調べてみると、ＳＮＳでの発表は鳥居候補の方が2日早かったので、その後の使用は泣く泣く諦めました。

19日には、あの「間違いない！」の長井秀和さんに応援に来て頂いて、れいわの新宿区の候補のさわいめぐみさんも交えて、落合でコラボ街宣をやりました。長井さんには、その後も2度、事務所開きと選挙期間中に応援に来て頂き、とても感謝しています。ただ、演説中、聴衆の1人に絡まれてケンカになりそうになりヤバかったです。

選挙事務所を借りたのは、ようやく3月21日で、告示日の1カ月前。ギリギリもいいところです。もともと選挙事務所って、借りる期間も短いし、看板出したりするのを嫌がる大家さんが多いんです。だから、あまり物件がありません。しかも、わたしがれいわ公認に決まったのが12月と遅かったので、完全に出遅れました。駅近くの良い場所は、すでに他の候補に押さえられていました。中野区中の貸事務所を探して、選挙事務所の看板を出させてくれるところは1件しかなく、選択肢はありませんでした。最寄り駅は沼袋駅、地名としては江古田。

家賃は12万5千円。敷金2カ月分と家賃2カ月分で50万円。街宣車は中古の軽自動車を買って20万円くらい。街宣車の看板などに12万円で駐車場代も2万3千円2カ月分と計算していくと、アッという間に１００万円くらい溶けます。事務所も街宣車もなしでやってみるか、とも考えましたが、党の方は、再三「街宣車なしで当選した例はほとんどない」と繰り返すため、じゃあ後悔するのはイヤだし、打てる手はすべて打っておこうとやってみました。

党は供託金の30万円は貸してくれたけど、選挙資金はほぼ自前で、200万円のつもりが400万円かかりました。自腹、といいたいところですが、ウチのオヤジが経営するビルの管理会社から借りました。現在ちゃんと返済中です。

出馬の時の名称は「井関源二」がいい、と断言してくれた占いの先生は、

「この名前で出れば、最初は出遅れるが、全く新しい選挙の方法を見つけて当選する」

とアドバイスがありました。告示日まで「全く新しい選挙の方法とはなんなのだろう?」と、思いつくことはとにかくやってみましたが、別段新しい方法を編み出せたとは言えません。モヤモヤした気持ちを抱えて告示日を迎えそうでした。告示日直前、これいわ新選組の候補者たちの動画をボランティアで撮っている方から連絡を頂きました。

「他の方はこういった映像を撮りましたが（私の目にはオシャレで各候補の誠実な人柄が紹介されている映像に見えました）、井関さんの記者会見を見て面白かったので、井関さんにはオモシロをやっていただきたいと思います」

と無茶ブリをされました。

そこで撮った動画の出来は素晴らしいものでした。

公職選挙法に触れないように、動画のアップは告示日当日としました。

動画をツイッターにアップすると、電話が鳴っているのかというくらいスマホの通知が鳴り止みませんでした。

足を使っての選挙運動は「どぶ板」、ネットを使うようなものは「空中戦」と呼ばれていて、地方選挙では「空中戦」よりナマで有権者と対面できる「どぶ板」のが効果的とされてきました。しかし占い師さんが言っていた「全く新しい方法」というのは、この動画なのではないかと思いました。

おかげで、街宣車に乗ってても、駅に立っていても、「動画見ました」、「あなたのYouTube見たよ」なんてあちこちから声をかけてもらいました。

4月9日の事務所開きの日、駆けつけてくれたのは、れいわの共同代表のくしぶち万里さん、長井秀和さん、市民団体「区民の声中野」の韮澤進さん、それに支援してくれている人達、アキバのお客さんまであわせて15人くらいでしたか。さすがに「ようやくここまで来たか」っていう気持ちも高ぶって、くしぶち共同代表にご挨拶をいただいた

2024年4月の統一地方選での駅立ち。

際、この人がいなかったら私はここにいないのだと、私はついつい泣いてしまいました。

山本太郎代表が告示日前の4月13日、応援に来てくれました。中野区で街宣するのに一番良い場所、一番人が集まる場所は中野駅北口です。場所取りしなきゃと向かったら、15時の時点で自民党の鳥居みずき候補が場所をとっている。しかも、代表の街宣スタッフが鳥居候補に聞くと、「1日ずっといます」って。これは残念。急遽場所を東中野駅西口に変更しました。

山本代表目当てでたくさんの聴衆に集まって頂いていたら、なんとあの鳥居候補も車で東中野まで来ました。こっち来るんかい！

山本代表から紹介された時、

「彼はお笑いではスベりましたが、政治ではスベりません」

といじられました。思わず、

「お笑いでもスベッてねーよ！」

とツッコんでしまいました。

ボランティアの方との確執

告示前の1週間で、支持者回りもしました。前にも書いた「れいわオーナーズ」「れいわフレンズ」の皆さんのところに挨拶回りです。雨にもたたられて、家の近所をはじめ、狭い区域しか回れませんでした。

お手伝いしてくれているボランティアの方と、意見の違いが露わになったのは私の初めての集会の時でしょうか。

私のような、ろくに政治に関わったこともないお笑い芸人出身の人間に「選挙のやり方」を教えるつもりだったのでしょう。私が提案する政策に対して、「そんな政策では選挙に通りません」といちいち否定されました。

チラシに載せた政策で、たとえば「中野区には、夜働く人も多いので、ゴミの回収を夜もやるようにしたい」と言ったら、そのリーダーの方は、「放火の危険がある」と言う。中野区は木造家屋密集地帯が多く、首都直下地震時の火災対策を政策に上げると、「それは選挙の争点にはならない」と言われる。

「子育て政策の充実」をあげようとすると、「そんなのはどの党も言ってるんで、アピールポイントにならない」と。

これにより、公選ハガキに載せる政策を見直すため、再度党に私の政策で良いか確認しました。ただでさえ出遅れていた政治活動が、更に1週間遅れました。本部に「くしぶち共同代表もGOを出している政策なので、意見が分かれた場合は候補者の意見を優先させてよ」ということを指示してもらいました。

でも、それだけいろいろ言われたことにより、説明できる根拠をきちんと準備し、私の政策が確固たるものになりました。その点は感謝しています。

私の動画を撮って編集してくれているボランティアの方にも、本当にお世話になりました。「井関さんはお笑い芸人やってたから、撮っていても楽しいですよ」と、動画でもいろいろ遊んでくれます。ネットで「井関源二」と検索していただければ、もろもろ出てくるので、ぜひご覧ください。

立候補に必要なのは、戸籍謄本、住民票、党の推薦状、プロフィールの入ったCD−ROMなどで、中野区では、もう3月あたまくらいには候補予定者を集めての説明会もありました。60人くらい参加してましたね。書類の書き方や街宣車に関する規定とか。

選挙用ののぼり旗も、そのまわり半径15ｍ以内でチラシを配れ、みたいな細かいルールがあるんですよ。

書類を提出した後、告示日で改めて抽選があります。いわゆる届け出の順番が決まるわけです。

オフクロは「どこの党のなんていう議員になったの？」

いよいよ4月23日の投票日に向けて、1週間の選挙期間でした。

この間は、もう「駅立ち」も終電まで中野駅北口に立ってましたね。党の方からも、「出来るだけ長く立ってるといいよ」とアドバイスされました。

一度、終電間際の中野駅北口でれいわ新選組のタスキをかけて立っていると、酔っ払ったお姉さんに

「お前なにやってんだよ！」

と絡まれました。

私が、

「政治活動です」

と言うと、

「こんな時間に政治活動する訳ないだろ！　お前俳優だろ！　テレビのやらせだろ！」

と言って去って行かれました。

この1週間は、それこそアッという間で、無我夢中で突っ走ってる感じでした。「手ごたえ」の点では、もう十分くらい十分。アップしていた動画を見てくれてた人たちが、街宣車で街を回っていても、駅立ちで立っていても、手を振ったり、声をかけてくれたりするんですよ。「動画、見ました。頑張って下さい！」なんてね。

ドリングの差し入れもあちこちでもらったりしました。

選挙戦初日、選挙カーの看板をお願いした方にドライバーもお願いしたのですが、この日は選挙カーの中から一緒に虹を見ました。私が虹を見たのは何十年かぶりでした。こりゃ絶対に当選するな、と勝手に信じちゃいました。弟も、街宣車の別日のドライバーで手伝ってくれました。

選挙期間中、地元の中学校で個人演説会やりました。聴衆が1人だけでした。90分その人だけに向けてしゃべりました。そんなに悲観はしませんでしたね。

駅での街頭演説では、れいわ新選組のつじ恵さん、選挙を応援していただけることになった木村結さんが来てくれました。お世話になったメーカーさん、グラドルの取材の方、飲食店にも来てくれたグラドルさん、一緒にニコ生をやっていた後輩、芸人仲間、BUMP OF CHICKEN仲間、いろんな関係者が観に来てくれました。

その街宣はボランティアの方々が手伝ってくれました。

選挙用動画を撮っていただいたボランティアの方も、たびたび演説を撮影してネットにアップするための動画を作ってくれました。

そして迎えた投票日。

投票日の0時を越えると、インターネットでの呼びかけ他、一切の選挙活動ができなくなります。しかし投票日は、選挙活動はできなくても、「電話」はいいらしいんです。ただ、「井関に入れてください」はダメで、「れいわ新選組です。きょうは選挙にいきましょう」は大丈夫。あと、「れいわ新選組の井関です」までもいい。午前中に投票に行って、それから夕方まで、れいわ支援者の方々あてを中心に電話をかけまくりでした。

中野区議選は翌日開票なので、夜、家にいても、まだ自分の選挙区はどうなってるのかわからないんです。それで、腹が減ったので食事した後、開票速報の入る8時以降は、ひたすら他の候補の様子を見ていました。もう日付が変わるくらいまで。れいわの候補者がけっこう健闘しているので、たぶん自分もいけるんじゃないかと、やたら楽観的でした。

いよいよ翌日、朝の8時から開票です。私がいたのは自宅。ツイッターにスペースって機能があって、音声だけで生配信が出来るんです。それでずっと入ってくる開票情報と選挙にまつわるエピソードを部屋で1人で配信していました。

区の公式ホームページの前に、中野体育館の開票所から実況している人がいてそれを調べつつ、こっちも実況しちゃってるわけです。そこで、まず最初の速報で、1500票獲得してて、上位に入っていました。

「よっしゃー!」

もう早くも当選した気分です。順位もいいし、4年前の選挙はボーダーラインが1500くらいだったんで、これは上位当選かと意気込んでいました。

ところが、ところが! それからがもう、票の動きがピタッと止まりました。2度3度と開票するパーセントが上がっても「井関源二　1500」のまんま。どんどん下から追い抜かれていく。あれはツラいですよ。お笑い芸人としても、後輩にどんどん追い抜かれた時でも、あんなに瞬発的に抜かれるわけじゃない。選挙は、ほんの一瞬でひっくり返るんだから。生きてる心地がしなかった、ってあいうことでしょう。

たとえ通っても落ちても生配信イベントやろう、と阿佐ヶ谷のトーキングボックスを押さえてましたが、当選した時と落選した時のリアクションと構成を考えてました。

2時間半以上かかりました。全部の投票箱が開くまで、とうとう当落がはっきりしませんでした。

当選　井関源二　　１６７４票　　定員42人の38位

当選者のうちのビリから5番目。43人目が１５８４票ですから、90票しか差がありません。こんなにギリギリになるとは、開票第一報の時には予想していませんでした。

それでも当選は当選。当選がわかった時は、リアルタイムで聴いて頂いた方々にお礼を言い、配信を終了しました。

まずは親に報告です。オヤジは素直に「おめでとう」と祝福してくれましたが、オフクロは、

「それでどこの党のなんていう議員になったの？」

とピントはずれな答えが返ってきました。

選挙期間中手伝ってくれた弟は、言葉詰まるくらい、親よりも喜んでくれました。弟の嫁も選挙結果を注視してもらったみたいで、これまた喜んでくれました。SNSでも「当選おめでとう」というコメントをたくさん頂きました。

事務所を探してくれた岸くんの勤務先の不動産会社にメールをしました。不動産会社でも盛り上がってくれていたみたいです。

党からも、「当選しても落ちても、翌日は駅に立て」と言われていたので、中野駅北口にまた立ちました。「当選しました。ありがとうございました」は禁句らしく、いつも通り、挨拶だけしたのですが、ここでも「おめでとう」と声をかけられました。

後日、今回統一地方選で当選した候補が衆議院第二議員会館に集まりました。

山本代表も忙しい中顔を出して、私を見かけると、相好を崩し、

「選挙スべらんかったね」

といじられました。

「井関源二の絶対スべらない選挙ですから」

当選証書付与式。

と返しました。

「スベらんな〜」

と言っていただきました。そして

「おもしろいことどんどんやってってよ」

と言っていただきました。動画を見てくれたのだと思いました。

「はい、どんどんやっていきます！」

と答えました。

とりあえず、私の「議員」としての歩みは、スタートしたのです。

（証人）

長井秀和

1970年東京都出身。ピン芸のお笑いタレントとして『エンタの神様』など数多くの番組に出演。現在は西東京市議会議員を勤めていて、井関の区議選では、3度にわたって応援のために中野区入りした。

あまり利権や出世に囚われずに愚直に政策を出していけそうなタイプ

芸人としての井関さんは、正直、全く知りません。

初めてお会いしたのは２０２２年の10月くらいで、そのあと、正式にれいわ新選組から中野区議選に出るのが決まったんで、推薦をお願いしたい、といらっしゃったんです。私もずっと宗教のカルト問題に関わっていて、彼もその問題には取り組んでいきたい、とのことだったんです。政策も合致したし、応援を決めました。

まあ、話はそこそこうまいし、話しやすそうだけど、お笑い芸人としては売れなかったのもわかるかな、といった印象でした。毒というか、特徴が今一歩なんで。

選挙分析の目線から行けば、「れいわで中野は十分に通る可能性あり」と私は思いましたね。たぶん無所属ではムリでも、あの革新の強い土地柄なら、一定のれいわ支持層はいるだろう、と。

彼の応援には選挙前と選挙中合わせて3回行きました。中野駅前や鷺宮駅前で街頭にも立ちました。中野駅は人が多くても、9割くらいは中野区民じゃないのに対して、鷺宮なら圧倒的に区民の割合が高いので、どちらも大事なんです。事務所での出陣式にも行きましたね。中野駅では、ご本人と私がバラバラで北と南で演説をやったりもしました。

接するに従って、井関さんには既成の政治家とは違う庶民性や忖度なく言いたいことが言える積極性があるのを感じました。「ゴミの夜間収集」にしても、長く議員をやっていたりすると、気が付かないし、なかなか気にもしない問題ですよね。

事務所の内部を少し観察してみると、実際に支援し、選挙運動を手伝っている人たちの中に、ある種、「こだわり」をもった方が多いのは感じました。「演説の内容はこうでなくてはいけない」とか、「政策はこれとこれを選ばなくてはいけない」とか。よく言われますよね、

「革新は理念で動き、保守は利権で動く」

井関さんのまわりに集まるれいわ新選組の支持者は、まさにその「革新」なんです。市民運動をやっていた方もいるし、理念で動く。

一方、井関さんのほうは、もともとお笑い芸人だし、そんなに理念はない。そもそも、支援者の側では、なんで党はお笑い芸人なんかを候補に押し付けてくるんだ、という不

満もある。だから見くびられたり、突き上げをくらったりする。大変だな、と横で見ても気の毒になりました。だから井関さんにも忠告しました。

「とにかく、聞き流して、勝つまでの辛抱と割り切れ」

れいわと山本太郎さんの看板にうまく乗りつつ、ちょっとれいわのイメージとは違う「ゆるキャラ」っぽい雰囲気を前面に出していけば、どうにかなるだろう、と予想していました。

実は私、2023年4月の統一地方選挙では、23人の候補を推薦してたんです。だいたいは無所属なので、当選したのは8人だけ。その当選者の1人が井関さんでした。

当選後は、井関さんに私の勉強会に来てもらったり、彼がやってる動画配信に私が出演したり。

付き合ってわかったのは、愚直に政策を出していけるタイプだし、あまり利権や出世に目を向けずに誠実に仕事をしそうだな、ということ。れいわが「弱者」をフォローする姿勢をとっている中で、お笑い芸人としては売れなかった「弱者」だった井関さんの存在は貴重ですよね。

あと、中野でマンガ、アニメに目を向けるセンスはなかなかいい。私も、アメリカに住んでた時、サウジの金持ちの息子とかがコナンとかワンピースとか大好きなのが多くて、日本のポップカルチャーは「宝の山」ですから。

＊＊＊＊＊＊＊＊＊＊＊＊＊＊＊＊＊＊＊＊＊＊＊＊＊＊＊＊＊

第五章

本会議の質問でバカウケの連続

最初の質問は「夜間のゴミ回収」問題から

当選の直後は、とにかくあわただしかったです。党から、開票日翌日にも駅立ちをしなさい、とアドバイスされて中野駅北口に立ったり、市民団体の軍拡反対デモが中野区内であって、一緒に当選した共産党区議とともに、デモの先頭に立って新中野駅近くの杉山公園から中野四季の森公園まで行進したのはよく覚えています。任期は5月1日からなので、その時点では、まだ「次期区議会議員」の立場なんですが。

当選証書を授与される日には、通常、会派ごとで記念写真撮るんですね。ところが、我がれいわ新選組での中野での当選は私だけなんで、どうやって撮ったらいいかわからない。まごついているうちに、自民党の市川さんが撮ってくれたり、無所属の小宮山さんに撮って頂いたりしました。こういう場合は、「超党派」みたいです。ちなみに議員控室は、1人だけなんで無所属の人と同じ部屋になりました。

私を含めて、初当選の新人は8人。区の職員の方々には、この新人全員について早めに覚えておいて頂かないといけません。改選を経た議員と区長をはじめ区の職員との顔合わせ会がありました。私が挨拶をすると、区の職員や他党の議員から「コイツがれいわの新人か」という空気を感じました。

「れいわ新選組」っていうと、ちょっと空気を読まないで正論を押し通す、尖がったイメージがあったみたい。ところが挨拶したのは、「お笑い芸人」出身の、ヘラヘラした感じの男。つまり私。私も最初は怖いと思われていたかも知れませんが、すぐに皆さんと仲良くなれました。

本会議は、6月からで、最初にあったのが議長選挙。中野の場合、立憲民主党と自民党がほぼ同数なので、どちらにも属さない私は、両方から「ひとつよろしく」と誘われました。しかし、れいわの場合は、さすがに主張は自民より立民に近いわけで、立民の酒井たくやさんに投票。何といっても、酒井さんは、吉本でお笑い芸人もやっていた方。親近感があるので、すぐに気楽に何でも相談できる仲になりました。

それで、すぐに私が選挙中にも掲げていた「ゴミ問題」についてもご意見を伺いに行きましたね。「中野区は、夜働いている単身者なども多いのでゴミは夜に捨てて、夜に回収する方が合理的なのではないか」という提案です。現に福岡市や三鷹市の一部地域では行われてもいます。ですが酒井議長としては、

「ゴミに関しては23区で決めることで、中野区独自で動くのは難しい。でも、せっかくだから一般質問で聞いた方がいいよ」

とアドバイスをしてくれました。

私の場合、1人会派なので、本会議での一般質問は、区役所職員の答弁まで含めて持ち時間は15分。その間なら、いくつ質問してもいいのです。それでさっそく、この「ゴミ夜間回収」についても項目の中に入れることにしました。

詰め込み過ぎて、ちょっと早口に

本会議の壇上に上がるんですから、確かに緊張はありました。ただ、ピン芸人として舞台に立っていたこともあるわけで、他の新人さんと比べれば場馴れはあったかもしれません。

反省点としては、最初だっただけに、力が入り過ぎて、少し質問項目が多くなり過ぎたところでしょうか。

まずは「ゴミ夜間回収」の件から始めて、それが難しいとしたら、中野区にゴミ収集所を作って、自由な時間に捨てに行けないか、と聞いたのです。区内にゴミ収集所がないのは23区のうち、わずか5区で、その一つが中野区なのです。残念ながら、これについては区の回答は「現状では難しい」でした。

もっとも質問はまったく無駄ではありませんでした。私が一般質問で取り上げた広島市環境局中工場を酒井議長が気に入ってくれて、「一緒に広島の清掃工場を視察に行かないか」と提案していただき、酒井議長がわざわざ先方と調整してくれ、7月、広島市中区にある清掃工場に視察に行きました。そこはゴミ焼却で発生するエネルギーを使って発電していて、しかも映画『ドライブ・マイ・カー』の撮影で使われるなどの観光地でもある。まさにゴミを有効利用しているモデルケースなのです。これを中野に取り入れるのは簡単ではないとしても、現実にうまく稼動しているところを知っておくのは大切です。それと一緒に視察に行った立民、国民、維新の方々と、親密になれたのも収穫でした。

続いての質問は「子育て給付金」の問題。所得制限なしで18歳未満の子供がいたら、兵庫県明石市がやっているように1人3万円の支給はやるべきではないか、と聞いたのです。令和3年度、23区中、中野区は出生率が豊島区に続いてワースト2位（令和4年度では中野区は板橋区に次ぐワースト2位)。区内は結婚前の若者と、あとは戸建てに住む高齢者が多く、なかなか出生率が上がらない。その対策の一つとして、給付金制度は有効ではないか、と考えたのです。

区側の回答は「他の自治体の事例を参照しつつ、研究する」でした。だんだんわかってくるのですが、この「研究する」は、事実上、ほぼ「やらない」に近い回答なのですね。これが「検討する」になると、実施するに近い回答になります。こうした「答弁用語」は、世間の皆さんには、ちょっとピンと来ないかもしれません。

宗教被害に関する窓口を中野区役所内に設置できないか、とも聞いてみました。統一教会やエホバの証人などの宗教二世問題が深刻化している折であり、消費者相談窓口のような形で、被害者の皆さんが専門の窓口に相談できればいいと思っていたのです。ですが、これはゼロ回答。

さらに首都直下地震の時の火災対策についても聞きました。中野区は23区の中でも最も狭い道が多く、もし地震が発生したら、大きな被害が予想される木造家屋密集地帯があります。そこで、区内の木造密集地には感震ブレーカーをもれなく配布するのは不可欠ではないか? 隘路の電柱の地下化は喫緊の課題ではないか? また地下鉄の構内で

令和５年度第４回定例会の一般質問。

避難訓練をする必要があるのではないか？

　これについては、区の回答は明確でした。感震ブレーカーの普及、また電柱の地下化などは、東京都の予算でやっていく、と。つまり、こうした問題は「中野案件」ではなく「東京案件」になるのでしょう。地下鉄の避難訓練はゼロ解答でした。

　他の議員の質問の口調と比べ、質問を詰め込み過ぎて、だいぶ早口になってしまってたと感じました。

気付いたら「陳情を受ける立場」になっていた

　2023年9月には決算特別委員会があ

り、本会議での一般質問と、決算特別委員会での総括質疑と、両方できます。

先の一般質問は、前と同じ時間制限は15分。前は早口で伝わりづらかった、とご指摘を受けたのもあって、この時はなるべく皆さんにわかりやすいようにとゆっくりしゃべったら、今度はタイムオーバーになってしまいました。タイムオーバーになると、区側の答弁が途中でも、もうそこで打ち切りになってしまうので、中途半端感はいなめませんでした。

質問項目をあげると、まずは一つは「中野区におけるバス移動の利便性を向上できないか？」でした。中野は東京の中心にも近く、交通の便もいいはずなんですが、なぜか北側と南側を一本でスムーズに移動する方法があまりないのです。電車だと、一度、新宿などに出た上で西武線で移動、とかになりますし、バスの場合は、南側は京王バス、北側は関東バスのエリアで、それぞれいったん、終点の中野駅で降りないと行けなかったりする。つまり南と北を一本で結ぶバス路線があったらいいのに、と考えたわけです。

区の回答は「バス会社とも協議の上、検討します」だったので、これは割に見込みがあるかもしれません。

次が、「中野区の道路における自転車レーンの整備ができないか？」でした。自転車は以前は歩道を走ることが多かったのが、近年、車道に自転車レーンができるようになりましたね。しかし、いまだにその境界線がどうもアイマイなのです。選挙中、街宣車に乗っていると、山手通りあたりでも、歩道を走る自転車と車道を走るそれとが混在していて、車もぶつからないように慎重に運転していても、ついぶつかりそうになったりするのです。自転車レーンをもっとはっきりさせて、車道を行くなら行く、と明確に出来ないものかと思ったわけです。もっとも山手通りに関していえば、あそこは「都道」なので、中野区の管轄ではないとか。

3つ目が私立保育園や私立幼稚園の補助の話です。私立保育園や私立幼稚園の団体から「保育園や幼稚園は、23区でも東側の職員の方が待遇がいい。中野も東側並みにしてほしい」との陳情をいただき、そこを問いただしたのです。

それにしても、「中年ニート」だった私が、「陳情を受ける立場」になるとは！　これはちょっとした驚きです。

決算特別委員会でイベント提案を連発

決算特別委員会では持ち時間30分。一般質問よりたっぷりと質疑の時間が与えられるので、余裕もありました。

ようやく「これなら早すぎず遅すぎず、時間も有効に使えるな」といったしゃべりのペースもわかってきました。そこで、まず直球の質問で、前回、タイムオーバーで中途半端になった保育園や幼稚園の補助の問題から。当然、出生率が低い中野区は、これからの少子化対策として、どんなアイデアがあるのかについても問いただしました。それと地震や火災に関する防災対策についても。

しかし、こういう誰もが触れそうなものだけでなく、たぶん私じゃなきゃ、こんなことは言い出さないだろうな、というのも用意してみたんです。

それはイベントの提案でした。

まず、「中野飲み屋インバウンド作戦」です。今、新宿区の思い出横丁やゴールデン街に行くと、とにかく外国人の姿が目立ちます。ほとんど日本とは思えないくらいです。だったら、それらに負けない風情を誇る中野区の5丁目飲食店街を、積極的にインバウンド需要を高めるために、新宿のホテルからシャトルバスを走らせたらどうか。

そして日本各地で夏になると、ロックフェスなどが盛大に行われます。それなら、どうせ住民にお笑い芸人も多く、なかの芸能小劇場をはじめ、お笑いライブが頻繁に行われている中野区でこそ、「夏の野外お笑いフェス」をやってみるのはどうか、でした。場所としては中野駅からも歩いて近い中野四季の森公園あたりがいいんじゃないか、と。

引き続いて出したのが「中野つけ麺フェス」。中野は、つけ麺を初めてメニューに出した「中野大勝軒」もある、つけ麺発祥の地です。そこで中野のつけ麺を出す店舗に呼びかけて、全国を縦断するイベント「中野つけ麺フェス」を実施するのはどうか。

いいや、まだ質疑時間は終わりませんでした。そこで、出したのが、ベネチア映画祭やカンヌ映画祭に対抗して、「サブカルの都」中野区で映画祭をやってみるのはどうか、アニメの賞を授与する大会を開催したらどうか、コスプレの大会をやったらどうか、さらにはゲームの世界大会をやったらどうか？　と提案してみました。そして、ただ最優秀賞に「大賞」を与えるだけではつまらない。中野は、かつて五代将軍・綱吉の時代、お犬様を養育するための特別な「犬屋敷」が設けられた由緒ある場所でもある。だったら、「大賞」ではなく、「犬賞」を与えて、黄金の犬のトロフィーを贈呈するがいいのでは、と。

この提案イベント連発は、予算特別委員会でウケましたね。特にアニメ映画祭「大賞」ではなく「犬賞」なんてあたりは、ドッと笑いが起きました。こうなると、お笑い芸人としてファイティングスピリットがメラメラと燃えてきて、「よし！　この次はもっとウケてやろう」となりますね。

もっとも、それに対する区の回答は、「その事例は民間にお任せすべき」の一言でした。

大盛り上がりだった「コスプレ・イベント」提案

そして2023年11月の一般質問、本の冒頭でも紹介したコスプレ・イベントについて質問した回になるのですが、最初に質問したのは、「シングルマザーの就労支援」についてでした。中野区においても、シングルマザー世帯の貧困率の高さは顕著であり、単に給付金で解決しようとするのではなく、もっと働きやすい環境づくりに予算を使いませんか、と。

引き続いて出したのがコスプレ・イベントの提案でした。

これを提案するキッカケとなったのが、ある声優さんとの出会いでした。私の区政報告の動画作りのスタッフをされている方が、「紹介したい声優さんがいる」と教えてくれました。さっそくその声優さんとお会いすると、ご本人がコスプレーヤーもやっているとのことで、

「先日の総括質疑で、中野区でコスプレ大会をやったらどうかって質問したんですよね」と言ったところ、「それ絶対中野区でやった方がいいです！」と。

「コスプレの世界大会はどこでやっているか知っていますか？　静岡と名古屋なんです。日本のコスプレイヤーは日本で開催される世界大会のために静岡と名古屋に行っているんです！　23区内でやればもっと盛り上がるのに！」

実をいえば、コスプレの店がかつて中野ブロードウェイに集中していて、中野こそが「コスプレの都」だったのが、いつの間にかハロウィン関連で渋谷になり、今は、豊島区の区長さんがコスプレに力を入れるようになって、池袋が「都」になっているらしいです。豊島区もいいが、ぜひ中野も盛り上げなくては、とムクムク使命感みたいなものが沸いてきたのです。

質問では、さらにこうも付け加えたのです。

「今サウジアラビアがアツいです」

いろいろ調べていくうちに、アニメに関しては、あの石油大国・サウジアラビアがやたら力を入れているのを知りました。王室の有力者・ムハンマド皇太子が『ワンピース』の熱狂的ファンで、電通と組んで『サウジ・アニメＥＸＰＯ』なんて大イベントも開かれている。さらには『ドラゴンボールワールド』もサウジに出来るらしいし、『キャプテン翼』も国民的人気を集めているらしい。

これは中野区がサウジと組んで「コスプレ・イベント」、なんてことになったら、ドエラい話になる、と確信したのです。

そもそも自民党の議員の方の中に、お兄さんがコスプレ大会に出て優勝した方がいたし、同期当選の国民民主党のいのつめ正太議員は現役コスプレイヤーだったんです。まさしく「超党派」。

一般質問でも、私が、

「アメリカのＡＮＩＭＥ　ＥＸＰＯで、ラムちゃんとけっこう仮面のタトゥーを入れた海兵隊員に『日本が外敵に攻撃されても、練馬と杉並は俺が守る』と言われた」

というアニメ『ダーティペア』の原作者高千穂遙さんのポストを引用し、

「そこに中野が入らないのは非常に寂しい！」

と熱弁したら、檀上の後ろの議長席にいた酒井議長も顔をゆがめて笑いを堪えていました。

しかし、中野区議会において、「れいわ新選組」は私だけの１人会派。他党の皆さんを巻き込まないと話は前に進まない。

いや、案ずるより産むがやすしでしたね。

「サウジ＝オイルマネー」のイメージが強烈で、自民党議員も、立憲民主党議員も、ノリノリになっていただきました。

その上、質問の後には、とてもアニメに関心のなさそうなご年配の自民党議員から、「サウジの大使館の文化部が中野にあるの知ってた？」とアドバイスまでいただきました。中野区議会の中で「コスプレ議連」が生まれそうな雲行きになりました。

民間のコスプレ事業者からも、いのつめ議員を通じて「協力します」との連絡が来まして、区のシティプロモーション部、いわゆる文化財を保護したり、中野のＰＲをする担当部署の方も、やる気満々。現実に、今年２０２４年11月、第一回イベントが開かれるところまで話が進んでしまいました。

お笑い芸人は30年やって数えるほどしかウケなかったのに、議員になってまだ半年で、バカウケとは！

議員は天職だったのかもしれません。

いや、ビギナーズラックにならない様に、初心を忘れず区民のために頑張らないと。

桃園の『マツケンサンバ』提案で、またまた大ウケ

もっとも、区議会の一般質問は、ウケればいいわけではありません。地道に、より中野をいい街にしていくか、ひいては日本や地球をよりよい場所にするかまで考えた上で発言しなくてはいけません。２０２４年2月の一般質問では、まず地球温暖化の問題に触れました。同じ質量で二酸化炭素の80倍も地球温暖化を促進させる一酸化二窒素をどう減らしていくか？

大規模災害の危機管理対策にも触れました。たとえば伊豆大島では火山の噴火時における全島避難のスキームが組まれている。中野においても大地震や富士山噴火などの際の防災対策はしっかりしているか？　スキームは出来ているのか？

もう一つは、小中学校の音楽室には有名な作曲家の肖像画が掲示されているが、理科室にも有名な科学者の肖像画を掲示したらどうか、という提案です。子供たちにその偉大さを認知してもらい、「科学技術大国・日本」を支える研究者が出るキッカケになれば、と考えたのです。

しかしどれも、さすがに「コスプレ・イベント」のような盛り上がりはなく、同期の議員からも、こんな一言が。

「今回はスベッってましたね」

いいんです。ウケを取るために壇上に上がっているわけではないのです。

予算特別委員会での質問では、まずはテーマが予算だけにおカネに関するものを中心に構成していきました。

出産率向上のためにどこに予算を使ったらいいのか？　中野区役所が旧庁舎から新庁舎に移るにあたって、椅子、ソファなど什器の処分費に6千万円の予算をつけているが、再利用などによって圧縮できないのか？　さらに小説『蟹工船』の小林多喜二をはじめ、数多くの政治犯、思想犯が収監されたことで知られる豊多摩監獄、その門が今でも残り、「平和の門」として中野区の文化財になっているが、それを移築するための費用はどうするつもりなのか？　実は、前からクラウドファンディングなりでおカネを集めればいいと思っていたのに、区はとりたてて何の動きも見せていないようだったのです。ただこの質問については、「ふるさと納税の充当先として検討します」と回答を得ました。「検討」なら、実行の可能性はあります。

それと給食費の問題ですね。中野区は区立の小中学校の給食費無償化を決めました。そして中野区はお子さんを私立、国立の小中学校に通学させているご家庭では、現金ではなく、生徒1人当たり給食費相当額の中野区地域商品券を配るということを決めました。

他の会派から何人も、「商品券ではなく現金を」という質疑がありました。

そこで私は、「区長はじめ区の職員の給料の一部、給食費相当額を商品券にしたらどうか、それなら丸くおさまる」としたら、これが委員会で大ウケ。ただ、聞いていた区長はいやそうな顔をしていたそうです。

とはいえ、「コスプレ・イベント」の件もあり、どうも議会の皆さんが、私から「オタク系」「イベント系」の質問や提案が出るのを期待している空気はけっこう感じるようになっていたんです。それには答えなきゃ、と意気込むのも、やはり「芸人魂」なのでしょうか。

準備しておきました。まずはだいぶ先ですが、中野サンプラザの跡地に、8年後、60階建ての新サンプラザシティが建ちます。ぜひその中にマンガ図書館を誘致したり、中野区ゆかりの棟方志功の版画や『ゴルゴ13』のさいとうたかを先生の原画の常設展示、それにガンダム展、庵野秀明展などの期間展示を行うべきではないか? これは実現できそうな気がしました。区の回答も「検討します」でした。中野の「オタクの聖地」押

2024年5月、中野区役所新庁舎が開庁。

し、私はまだまだ進めていきます。

一方、数年後に完成予定の、新中野の鍋横区民活動センター。そこをお笑いライブに貸し出しできるようにしたらどうかという質疑は、区側はゼロ回答。区は「アニメ」「マンガ」「オタク」には反応しても、「お笑い」はあまりピンと来ませんでした。やはり「サウジ」とか、そういうパワーワードが必要なのでしょうか。

イベントとしては、注目したのは「桃園」です。かつて「桃園町」だった中野駅南口の一帯。ここは江戸時代は本当に桃園があったところらしいのです。しかも桃の木が植えられたのが、ほぼ300年前。植えさせたのが八代将軍・徳川吉宗。

ならば「桃園開園300周年・桃園町設立100周年イベント」を開くのはどうか、中野は区役所とブロードウェイと四季の森公園がある北口側がイベントが多いのに、南口側は少ない。桃園は南側なので、南側を中心としたイベントがいい。パレードをしてはどうか、そして徳川吉宗といえば『暴れん坊将軍』。松平健さんを呼んでトークショーをするのはどうか。松平健さんに『暴れん坊将軍』の曲で登場をしていただき、最後に『マツケンサンバⅡ』をみんなで踊れば、これはもう盛り上がらないわけがありません。

質疑が終わった時、会派を越えて拍手をいただきました。控室に戻る際、公明党と自民党の議員から「ＭＶＰ！」「今日のＭＶＰ」と言っていただきました。

ちなみに後日、某議員のところに、質疑を傍聴していた方から、

「あなたの質疑が一番よかった！　特にマッケンサンバの提案が一番よかった！」

と電話があったそうです。イヤそれオレの！

調べていくと、中野区の中でも、直さないといけない世の中の歪みが見えてくる。こうすればもっと楽しく生きられるというヒントとも出会える。盛り上がりそうなイベントやライブのタネも発見できる。

「生きづらい世の中を生きやすく」

このキャッチフレーズの通りに、少しでも中野の皆さん、ひいては日本や世界の皆さんが「生きやすい世の中」になるよう、私は活動を続けていくつもりです。

（証人）

酒井たくや

1974年兵庫県出身。大学卒業後、お笑い芸人、プロレスの営業マン、政治家秘書などを経て、中野区議に。現在、中野区議会議長。

シティプロモーション感覚と市民感覚を持っている「源ちゃん」に期待！

初めて井関さんとお会いしたのは、選挙の直前、山本太郎さんが井関さんを応援に東中野駅前にいらっしゃった時でしょうか。選挙期間中の駅頭の相談などもあり、井関さんとも名刺交換をしたんです。

「すいません。今回はよろしくおねがいします」

ニッコリ笑ってお話する井関さんは、フランクで、人柄もよさそうな方だなと思いました。

その次にお会いしたのは、当選が決まった翌日の中野駅北口で、当選報告の駅立ちをされてて、

「党から、演説やれって言われてイヤイヤやってます」

なんて苦笑いしてました。この「イヤイヤ」なんて正直に話すところが井関さんの面白いところなんです。

当選後には、議長選挙にあたり、中野の喫茶店「ノーブル」でじっくり話しました。

私が目指す議会改革の趣旨を理解していただき、それから中野駅付近でちょくちょく一杯やるようにもなったんです。私も、かつてお笑い芸人をやっていたので、気が合うのかもしれませんね。

議会で質問に立たれる時でも、さすが芸人さんだけあって、最初は無難な質問が多かったんですが、回を重ねるごとに、どんなテーマで、どんな話し方をすれば議会で注目されるか、コツをつかんでいきました。コスプレ・イベントの提案でも、

「サウジの王子はコスプレ大好きだから、サウジと協定結んで、中野でコスプレ・イベントやるのはどうでしょう！」

と誰も思いつかないような面白い提案をされました。

確かに42人いる議員の中では異色です。ただ私も、芸人目指して断念した人間なんで、井関さん見ても、「芸人目指して夢破れた人達の代表として、ぜひ頑張ってほしい」とは思うんです。私は吉本ＮＳＣの13期で、東京のナベプロのネタ見せにも行ったことがあるんで、芸人としての共通の知り合いも何人もいるんです。

井関さんがゴミ問題に強い関心を持っているのもあって、一緒に広島の清掃工場にも視察に行きました。結婚式の前撮りでも使われる、それまでの清掃工場のイメージとは

まったく違う施設で、非常に勉強になったんですが、同行したのが維新、立民、国民民主の議員。

井関さんは、その後、沖縄にも視察に行っていて、同行したのは自民党の方々でした。珍しいんですよ。こんなに党派わけへだてなく付き合えるのは。一緒に飲んでも楽しいし、独身なんで付き合いもいい。

しかも井関さんはサブカルのメッカ・中野とコスプレ・イベントのマッチングに注目するあたり、新鮮なシティプロモーション感覚も持っていて、「夜間で働く人の多い中野で、なんでゴミの回収は夜間ではダメなんだろう?」と疑問に思う市民感覚も持っている。議員も長くやっていると、とかくこういう感覚やアンテナがなくなっていくんです。

それと中野区は、学生さんが大学の間だけ住んで転居していくなど、4年間で4割の住民が入れ替わるくらい、人口変動の激しいところ。そして中野サンプラザシティなど100年に1度のまちづくりが進められている反面、5丁目の飲み屋があり、ブロードウェイもあり、新旧入り混じった味わいが得られる街。

「源ちゃん」みたいな、ちょっと普通とは違うルートを通ったような人間が、かえって自由奔放に活躍できるんじゃないかなと思います。

番外・れいわ新選組の、
そしてお笑いの大先輩・水道橋博士が
井関源二にアドバイス

有名になりなさい！そしてヤセなさい！

（対談）
水道橋博士

1962年岡山県出身。1986年、ビートたけしの弟子となり、翌年玉袋筋太郎と「浅草キッド」を結成。その後、日本初の芸能人ブロガーとして活動を始めたり、著者が何冊もベストセラーになるなど、お笑い芸人のワクを飛び出して、独自の活躍の場を広げていく。2022年にはれいわ新選組より参議院議員選挙比例区に立候補して当選。しかし、実質3ヵ月の議員活動の後、うつ病の発症により、議員を辞職。

かつて水道橋博士も足を運んだ、高円寺駅前の、ある居酒屋にて。しかし「真剣勝負」の対談なので、アルコールはなし。

すでに『浅草お兄さん会』のネタ見せで会っていた！

井関　はじめまして、と言いたいところですが、実は30年くらいの前にお目にかかってはいるんです。浅草キッドさんが主催されていた『浅草お兄さん会』のネタ見せに行ってて。

博士　へー、そうですか。その時の芸名は？

井関　オーシャンブルーっていうコンビで。

博士　今、新しい単行本で、ちょうど『浅草お兄さん会』についてのインタビューの原稿直しをやってるから、いろいろ思い出してるところだけど、記憶にないなぁ。

井関　たぶん立ち上げの1回目から3回目くらい。

博士　落ちちゃいました？

井関　はい、その時、ぼく、ワタナベ（プロダクション）にいたんですけど、そこにいた連中、みんな通ってるのにぼくたちは落ちました。

博士　よっぽどですね。じゃあ恨んでるでしょ？

井関　いえいえ。その時、1回目の優勝者は東京ダイナマイト。2回目がぼくのワタナベの同期の大隈いちろうで、3回目がまた東京ダイナマイト。

博士　『浅草お兄さん会』か。ちなみに、25年くらい前の話だけど、あれは浅草キッドが旗振り役になって、女子供向けじゃないお笑いをやろうっていう「たけしイズム」のもとに芸人を集めた会だったな。あ、女子供って、今、こんなコンプラ無視の言い方をしてスイマセンね。あの当時、主要な全お笑い事務所に声かけてね。ネタ見せだけでも50〜60組来て、4〜5時間くらいかかった。

井関　中野ZEROの視聴覚室でしたね。

博士　東京ダイナマイトも、今は吉本だけど、当時、彼らは浅草キッドの弟子で第1回にすぐ優勝してね。今、ハチミツ二郎はほんと、命も危ない状態になってるけど。

井関　くしくも、今の中野区議会議長が元芸人で、ハチミツ二郎さんともお友達で、お見舞い行ったみたいですよ。

博士　へー、そうなの。ぼく、断られたよ。

井関　ホントですか？　博士さんが「お見舞い行きたい」ってYouTubeでおっしゃってたのは見てます。

博士　猫ひろしと一緒に行くって伝えたけどダメで、何が遺恨になっているかは、彼の『マイ・ウェイ』って本に書いてた通りだけど、ぼく的には、彼の移籍に関して、会社のマネージャーを通しての伝言ゲームみたいになってる部分もあって。そもそも同郷だしね。岡山の倉敷市だから、いっそ本名の小野正芳として会いたいと言ったけど、それもダメでね。体調は非常に心配でもあるし……ぼくは主義として絶縁とかしないんで……。繰り返しになるけど、ナベプロにいたの？

井関　そうです。オーシャンブルーってコンビで。

博士　ごめん。ホント、記憶ないな。

井関　落ちてしょうがないネタやってたんですよね。

博士　ナベプロから来たんなら、ぼくらも気を使って通す可能性高いのにね。

井関　当時は、ワタナベだと大隅いちろうは通ってました。

博士　大隅くんは今、なにしてんの？　第2回で優勝してるし、ルックスが良くて、野郎だらけの会場に女のコもいっぱい呼んでくれてた。

井関　今は、自分で映像制作会社をやってます。

博士　へー。芸人はやめちゃったんだ。

水道橋博士と対談。「でんでん串」高円寺駅前階段急店にて。

井関　やめちゃいました。号泣の島田秀平さんのＹｏｕＴｕｂｅがあって、その制作をしたりしてます。

博士　そうなのか。その番組、当たってるの？

井関　当たってるみたいで、ぼくも2回、ゲストに呼んでもらいました。

博士　怪談を語ったり？

井関　はい。「源二くん、何か怪談やってよ」って。

博士　すごいね。芸人のつながりってどこまでも長いし、深いし、一般には見えないし。若いころ、同期みたいな人たちが、いろんなコネクションつないだり、いろんなネットワークあるんだな。

井関　ワタナベでは18ＫＩＮなんかも同期です。

博士　18ＫＩＮは強かったな、当時。

井関　ネタ見せで浅草キッドさんの目がハートになっているんですよ、18ＫＩＮの時は。で、玉袋さんが「どれくらいやってんの？」「4、5年くらいです」みたいな会話で。

博士　18ＫＩＮは優勝したっけ？

井関　優勝はしてないですね。

博士　じゃ上位にいたってことか。ずっと東京ダイナマイトが連覇した後、大川興業の三平×2と阿曽山大噴火のニトログリセリンが6連覇したんだ。

井関　オーシャンブルー解散して、私は暗黒の時代でしたね。ネタ見せでは、九州の親戚が東京に来るからって、観光名所を案内することになって、どこに行きたいかと訊くと、「岡田有希子が飛び降り自殺したところ」って言われるネタをやりました。

博士　あの四谷のサンミュージック前の現場、かつてのたけしさんの部屋の真ん前だったんだよ。ぼくは、弟子志願時代でずっと家の前を張ってて、たけしさんが仕事から帰ってくるのを待ってた。だから、まさに、あの自殺のあった日、そこにいたんだよね。こんな若くて華やかな子が死んで、ぼくなんかボンクラが自分の人生の生き直しをしようとしてるなんて、って不思議な気分だった。実感とともに遺体検証の白い線が生々しくアタマに残ってる。チョークで描いてあって、血痕もついたままでね。

オタクの道を全部先回りされていた！

井関　ぼく、浅草キッドさんの『オールナイトニッポン』のリスナーでもあったんですよ。それもお伝えしたかった。

博士　今、飲み屋に行くと「浅草キッドさんの『浅草橋ヤング洋品店』見てましたよ」なんて人がけっこういるけど、みんないい年だから、なんか気分は同窓会みたいなの。

井関　衝撃でしたね。『浅ヤン』は。

博士　「あの追っかけやってたのよ」「ありがとうございます」って、大事なんだよ、政治家は。そういう小さなきっかけで皆さんと言葉を交わし、様々な悩みを聞き、「困ってることはありませんか？」と親しく声をかける。大事なことだよ。

井関　毒蝮三太夫さんみたいですね。

博士　「そういうふうにやりなさい！」って町山智浩さんに言われたの。

井関　ぼくは町山さんもすごくリスペクトしてます。

博士　町山さんとは、同い年で盟友であり、先生でもあるような関係だね。ずっと毎週、Ｙｏｕ Ｔｕｂｅやってる。

井関　ぼくは昔、町山さん編集の啓文社の『イデオン大百科』が大好きで。

博士　それ作ったの、よく知ってるなー。

井関　ぼくは町山さんが作ったの知らなくて、高校生ぐらいでまた町山さんが編集された別冊宝島の『いまどきの神サマ』を夢中で読んでました。

博士　詳しいね。

井関　ぼくはオタク人間だから。でも、博士さんは、ぼくが行く先々を、もう全部先回りしている感じでした。

博士　いやぁ、ぼくは自分がオタクだって意識はないんだけど。知識や収集も中途半端だから。昨日も編集者でライターの九龍ジョーと飲んで話してて、ホントにそんなこと知る必要ありますか、ってことをよく知ってるからって、驚かれた。やっぱり個人的に興味があるんだろうな。たとえば太田出版には、あんな本を出した人がいて、その編集は誰がやったか、とか。そんなの知ってても別にテレビやラジオで言う場所なんてないでしょ。芸人楽屋では誰も話していないことなの。

井関　分かる人間も限られる。

博士　限られるけど、編集の人が来たら、「誰がどの部署に移って」みたいな話が全部スラスラできてしまう。レスラーの前田日明の聞き手でＲＩＮＧＳの電子書籍も出した片岡さんがルポライターの元祖、トップ屋の大下英治の弟子筋だ、とかの話を延々と出来てしまう。芸能界でこの知識、使う場所ない。

井関　くしくも、今の中野区議会議長、元芸人で、新日本プロレスの社員でもあったんです。

続々と公開される選挙をテーマにした映画。次は博士の選挙も!?

博士　政治家の話でいうと、浮気、交通事故、飲酒トラブル、カネの問題、ああいう自分だけＯＫのルール、自民党なんかそうだけど、自分を律してなくて、少々のことなら大丈夫、みたいな感覚って、どんどん通用しなくなってるね。れいわ新選組はそういう点、けっこう厳しいでしょ。私生活までストイックな人ばっかりで。

井関　厳しいですね。政務活動費って、中野区議は月15万円、年180万円なんですが、私、怖くてまだ1円も使ってない。

博士　余ったら返還しなきゃ。

井関　はい。このままじゃ、返さないといけないんです。でも、『はりぼて』って映画ありましたよね。政務活動費の不正使用で富山の市議会議員が辞職するドキュメンタリー。ああいうの見ると、怖くて、うかつに使えないですよ。

博士　ぼくは、あの『はりぼて』、ドキュメンタリーとしても喜劇としても最大級に評価していて、あの流れの映画を日本全国の選挙区ごとに作ればいいと思ってる。各地方議会にカメラを入れて、どこにどういう問題があるかを、コメディであり、エンターテインメントとして昇華させたようなドキュメンタリー。各地で作れば、安易な不正はなくなっていくよ。政治は可視化するのが一番大事なんだから。

井関　おっしゃる通りで、ぼくもなるべくオープンにやろうと思ってるんですけど。博士さんはご自身を「魂のストリッパー」と表現してらっしゃって、ぼくもそれに影

「ぼくは魂のストリッパー」と語る水道橋博士。

響受けて隠し事はなくしようと気を付けてます。

博士　それは30年も前の本からの引用だけど、いまだにぼくは「魂のストリッパー」。日記は毎日、事細かく書くし、政治家になってから、「博士と会談したい。秘匿の話を」と、上の方から頼まれても、「ムリです。たとえ東さんからでもムリです」ってきっぱり断る。

井関　逆に、東国原さんから、秘匿の状況での会談を持ちかけられたりしたわけですね。

博士　そう。たとえ、先輩でも大物議員でもぼくと付き合うのは。「博士さん、このあとちょっと秘密で」って受け入れられない性格なのね。

井関　その時伏せても、何年か後に出ちゃうし。

博士　その時も伏せない。そのへんの、ぼくの「人生を晒す」ことへの覚悟は違う。そこらの政治家見て思いますよ、「よくこんなこと隠れてやってくれたな」って。

井関　ぼくも博士さん見習って、なんでも出してやろうと思ってますけど、ぼくの行く先々に博士さんの痕跡があるんです。

博士　ぼくはもう国政やる気はないけど、区議会議員はすごく興味がある。

井関　じゃ、れいわで中野区、2議席で。

博士　中野じゃなくて杉並かな。岸本区長のところは、さきの区長選で100票ちょっとの差で勝ったけど最後の日に応援に入ったの。党も違うけど。杉並区長選をテーマにした映画『〇月〇日』見た？

井関　見ました。

博士　『はりぼて』も『香川一区』も『なぜ総理大臣になれないのか？』一連の選挙映画があって、そして、今度、公開するぼくらの選挙映画も含めて、すごくいい流れになってる。

井関　博士さんの選挙の映画も期待してます。

博士　そういう流れの中で『○月○日』。ぼくはもっと女性議員を増やすべきって言ってるの。それで相談されたのね、ペヤンヌマキ監督に。劇団出身の聡明な女性監督なの。この映画を公開したのもすごいことだけど、「もっとロングランしたいんです。どうすればいいですか？」って。「わかった。次の杉並区長選、ぼくも出るから撮って」。負けた方は必ず副区長になるって決めて、正々堂々の選挙をやれば、どっちが勝っても投票率は、たぶん今までの地方議会の選挙でも指折りの数字になると思うのよ。無論、ぼくなんて客寄せパンダのイロモノだってわかってますよ。だってそういう話題がないから、地方でやっても、誰も興味ないんだから。

政治家は絶対にお笑い芸人、特に地方議員に向いている！

井関　いや、ぼくも常々、投票率上げるにはどうやったらいいかを考えてまして。

博士　もっと芸人が出ればいいんだよ。芸人は地方政治には向いてる。なぜならマイクをもてば、いくらでもしゃべれるし、人懐っこい。ただ、国政に出て何が出来ないかっていうと、法律が読めない。まわりに「そんなこと知らないんですか」「議事録、読んでます?」「読んで、ちゃんと理解して、時間を有効利用して質問してくださいって言われるの。だってもともと法曹業界の専門知識ない。読むのも大変。でも、中野区議なら、「明日の朝、声かけ運動しましょう」みたいな政策でも出来る。「挨拶をちゃんとしましょう」からだって政策は生まれる。国会で話すことじゃない。芸人はやれる。今は過当競争すぎて、芸人で食うや食わずになってる人は、区議選、町議会選、村議会選に出ればいいの。その中のいち早くの成功者がキミであり、長井秀和くんなんだから。

井関　ぼくも長井さんから推薦もらいました。

博士　彼なんか、1年以上毎日、辻立ちやって、逆にぼくが3ヵ月で国会議員に当選したのは考えられないって言ってた。よくあの準備期間であれだけできましたね、って。ぼくの公示日、6月22日、突然、高円寺にやってきて、頼んだわけでもないのに応援演説やったんだよ、長井くんは。でも、その呼ばれてもないのに、前に出る勝負勘、それが政治家なんだよ。

井関　へー、長井さんは自分から来たんですね。ぼくの選挙でも3回来てくれましたが、中野駅北口で、歩いてる人とケンカはじめたのにはまいっちゃいましたよ。

博士　政治家は、できるだけケンカはしない方がいいよ。そうでなくても、いろんなところでカラまれるから。

井関　長井さんはメンが割れてるけど、ぼくは知られてないし。

博士　でも今はケータイもあって、ケンカしたらダメ。立ち小便とか、咥え煙草だって、絶対にダメなの。

井関　点字ブロック踏んじゃうとかも。

博士　それは、れいわは一番厳しいよ（笑）。

井関　私も無所属でなくて、れいわ公認で出られたからこそ通ったんで。

博士　よく公認もらえたね。ぼくも公募の選考には加わって、チェックは議員の時にやってたから、キミの履歴は見たかも。落としてたはず（笑）。でも当時、ぼくが議員の時は、れいわは、地方議員が1人しかいなかった。そこから、地方議会議員を増やそうと、どんどん公認出したんだよね。

井関　沖縄のプリティ宮城さんが意外なほど票取って。

博士　その後、マルチ商法疑惑でやっかいなスキャンダル起こしたから。あれが党に対する致命傷にならなくて、一安心だったね。でも、地方議会の立候補者って素性がわからない人もいるからね。

井関　党のボランティアの方で、選挙用の映像撮ってくれる方々がいるんですが、私のもたくさん撮って頂いて、そのおかげで当選出来たようなものですよ。

博士　それって大事なことだよ。

井関　みんな、撮影では緊張して、言葉をカムらしいんです。でも、撮影したボランティアの方が、「中野区の井関さんだけはカマなかった」って。

博士　カム人って、セリフで覚えてるんだろうな。フリーで自由にしゃべろうとしたらカマない。

井関　それ、著作で読みました。橋下徹さんのエピソードで、カンでたから、それはセリフだろ、って。

博士　よく覚えてるね。ま、ぼくはカンでた張本人で、そのエピソードを著作に書いた人だから、当然覚えてるけど（笑）

れいわ新選組と自民党、どっちがカルト？

井関　今回の地方選、おかげ様で、れいわは、ほぼ負けなしで。

博士　そうなんだ。れいわ、今、ちょっと流れが来てるよね。最近ではあれがよかった。山本太郎代表が被災地へ入るってところね。あれ、他の国会議員と何が違うかって言うと、山本代表はボランティア組織の一員として長くいるから。被災地に入るのに行政を通して、「先生がいらっしゃるから、失礼がないように」じゃないのよ。ゲリラ部隊で、民間のボランティアが持つサバイバルのノウハウやギアを常備している人なの。

井関　そうなんですよね。

博士　ぼくが国会議員になってから、静岡で夜中に水害があって、その日の朝起きたら、もう山本太郎は入ってるって。それで、ボクも急いで山本事務所に、「ぼくも現地に入りたい」って頼んだら、山本代表がラインで「博士、やめてください。博士は60ですから、足手まといです。博士の体ではボランティアはできない。情報を広げる方、後衛でお願いします」って。納得したよ。ああいうところが、山本太郎は英雄だよ。

井関　ぼくもそう思います。行動力がある。

博士　身内も、代表がどこに飛んでるか知らないんだから。国会議員ですらも。

井関　ぼくらもツイッターで知ったりします、代表がどこにいるのか。

博士　でも、もうちょっと、このボランティアグループの、組織だった行動を世の中に広めてもいいと思う。行政の人に車を用意してもらって、世論を気にして「行かなきゃしょうがねぇや」って議員が行く世界じゃないのよ。

井関　ただ、代表が参加したことでボランティアが叩かれたりするのはまずいんで、ボランティア団体名は出さないっていうのは党内で決めてました。

博士　そういうのは、もう少し言っていく方がいいよ。今回は東国原さんまで、まったく見当違いだった。東さんも行動主義者だから「現場に入るってのが大事だってわかってるはずなのに。なんでわからないんですか?」ってDM打ったけどね。

井関　代表を批判した音喜多駿さんも、嫉妬なんですかね。

博士　どんだけ音喜多さんが、今回の件で恥をかいたかということを、世の中は知らされてないんだな。政治家同士の間では「音喜多くん、地雷踏んでるな」ってわかる。被災地への入り方でも、山本太郎は音喜多が言ってるような入り方してないんだから。まあ、音喜多は学歴は優秀かもしれないが、「優等生脳」なんですよ。学校のクラスで、手を上げて「先生、彼はやってはいけないことをしました！」「学級会で決まったことを守るべきです！」って叫んでるヤツの印象が拭えない。

井関　でもそのくせ、維新の議員入ったのに何も言わなかったですもんね。それであげくの果てに、ボランティアが来なくて困るって。いい加減にしろ、と思った。

博士　維新の議員に多いの。前例踏襲主義で官僚主義。あのへんの連中の失敗の数々を、メディアはもっと伝えるべきなんだよ。

井関　それやらずに、みんな、ずっと大谷翔平やってますから。

博士　あれだって、大谷がどうこうより、水原一平のギャンブル依存症の問題をもっとやるべきだよ。カジノを核としたＩＲやめましょう、って大阪のメディア一切言わない。元明石市長の泉さんもＩＲ反対がなぜ伝えられないんだ、ってちゃんと発信してた。泉さんは弁護士として何人もギャンブル中毒を見て来たって。高利貸しでも企業側につくような悪徳弁護士の逆。

井関　伝えないですねぇ。大阪での万博とＩＲは必死にやろうとしてますね。

博士　それを、れいわは必死に反対してる。

井関　馳浩知事は万博におカネを出す、寄付するって。

博士　馳浩も維新の顧問に入ってるからね。ガッカリですよ。

井関　ホントに悪夢を見ているようですよ。

博士　ぼくはいまの自民党の状態を見て、「お前はれいわなんてカルトから立候補した」って攻撃されたけど、今の自民党支持者の方がよっぽどカルトだと思ってますよ。

井関　旧統一教会ともつながってますし。

博士　カルトの正式な定義はともかく、なんでこっちがカルトで自民党支持者がカルトじゃないのか。今まさにここまでの犯罪集団が自民党の政治家だっていうのが可視化されているにもかかわらずだよ。

井関　ホント、そうですね。

博士　そりゃあ、利益供与を受けてる連中は支持するよ。ハコもの作って、ウチの会社は儲かってます、みたいな。一般の人で何の恩恵も受けない、恵まれていない人た

対談終了後・店の前で。

ちが自民党支持するの、へんだよ。地方の人は、その土地の代々の付き合いがあるから仕方ないんだけど、ウチの父親なんか、橋本龍太郎の後援会長やってたし。

井関　ウチの父も自民党員でしたね。

博士　そういうもんなんだよ地方は。昔はね、何々さんは自民党やってるから、選挙になったら1万円配って「お願いします」。って、ひどいもんだったよ、昭和の時代の日本の民主主義は。

井関　ウチも実家は町田ですけど、昔の自民党の選挙手伝っていた人はイチゴ狩りとか行って、自民党の議員が用意したバスで観光してました。

博士　安倍総理の「桜を見る会」なんか典型的だけど、国会見学ツアーとかね。地方から地元の先生に会いに行って、記念写真撮ったり。

議員辞職の時には、まわりの誰にも「やめないでくれ」と懇願されたが!?

井関　ぼくは、議員になっても、いやならいつでもやめてやるくらいの覚悟はあります。

博士　ぼくは普通に精神疾患で立ちあがれなくなっちゃったから。機能できないのに歳費をもらってるのが耐えられなくなっちゃった。

井関　正義感強いなって、生放送で見てました。

博士　今回、ぼくの映画を作るってことで初めて知ったけど、議員を辞めることで、6年間で2億4千万円も棒に振ったらしい。

井関　それにもかかわらず、やめてしまったと。

博士　だって、本人以外は、誰も「やめろ」じゃないんだから。れいわも、家族も、親戚も、兄貴も「やめないでくれ」。とにかく自分だけの人生じゃない。子供もいる。すべて仕事はストップしてるんだし、収入ゼロになるんだから、って。一般的に考えて、精神疾患でうつ病になって、しばらく休むっていうのは、どこの会社でも認められている権利だし。まあ、今の状態なら議員はできるけど、だからって早まったとは思ってない。

井関　今は体調は？

博士　めちゃめちゃいい。みんなに「躁状態」だと言われてる。めんどくさいんだよ、うつから回復したら、あの人は「躁転」したって。どっちだっていいよ、躁でもうつでも。こういうときにぼくには一切、連絡しないで「実は俺があのとき一番心配していた」ってわざわざSNSで世界に向かって言う人こそ、何も心配していない証拠なんだよ。世界に向かってじゃなくて、直接、本人に声をかけて欲しいよ。

井関　実際にやってみて、芸人が議員に向いてるってわかりましたね。一般質問で原稿書くんですが、ネタ作るのと一緒ですよね、締め切りもあって。

博士　そうなの。芸人は人前でネタをやって、アドリブもまじえて、その中で基本的には決まっているネタを、お客によって言葉を変えたり、修正したりして磨いていく。こっちのがうけるなら、こうしようって。選挙演説も舞台も一日3ステージとかなら、だんだん上手くなるの。やってることは芸人も政治家も変わらない。

井関　ネタ見せも締め切りもある。れいわは質問内容については、党のチェック入りますし。

博士　あれ、ぼくはなかったよ。

井関　一度、懲罰動議を出されそうな議員がいて、そこから一回、チェックされるようになったんです。

博士　ぼくの頃は最後まで何も言ってこなかった。選挙の時も放置。あまりにもぼくらのシロート選挙に、1回、こういうふうに街宣車は運転して、何時から何時までこんな感じで声出してください、って指導にきただけ。

井関　我々も1回、街宣車のレクチャーはありました。

博士　でも、勉強になるよね。街宣車のスピードはゆっくりにとか。

井関　後続車が来たら手で前へどうぞ、と誘導するとかやったり。まっすぐなら声を出していい、曲がり角では一度黙れ、とかね。4年に1回しか使わないスキルですけど。

博士　あ、4年に1回か。区議会議員も4年はやってられるんだ。

井関　悪いことをするか、国や都政に移らない限り、やれます。

博士　ふーん。ホントに区議選出ようかな。

井関　ぜひお願いします。

博士　政治知るには地方政治からなのよ。野中広務さんみたいに町議会議員から政治に接して、京都の地方政治から中央に上がってった人がいるようにね。ぼくなんか何も知らないまま、登山部に入ったら、いきなりエベレスト連れて行かれて、何の準備もせず、装備もしないまま登れたっていうだけ。そりゃあ準備すべきなのよ。

井関　私も『〇月〇日』と同じ目にあいましたけどね。ボランティアからいろいろ言われて。

博士　ああ、ぼくもずっとそうだったが、れいわのボランティアは素晴らしいと思うよ。いろんなボランティアはいるかもしれないけど、無私で、報酬一切なく、本当に個でもチームワークでもよく働く。ぼくは選挙の中で一番感動した。

井関　一番高潔で一番厳しい人たちですね。

博士　厳しいよ、そりゃ。候補者の方は知らないんだから。耳を傾けなきゃ、こうしなさいって言われれば。ぼくも、今度の映画の中に出てくるけれどムチャクチャ怒られたりした。当たり前だよ、新しい職場に何も知らないやつが入って、ベテランのボランティアの方が知ってるに決まってるもん。いや、ホントにれいわのボランティアはすごい。他党の人たちも感心してる。れいわののボランティアが風のように動いて、幟(のぼり)を立てて、陣営を構えて、候補者が来るのを待ち受けて、「どうぞ」って雰囲気を作ってくれて。それで終われば風のように後片付けして去っていく。素晴らしいよ。くしぶち万里さんの陣営とか、凄かった。

井関　くしぶちさんが東京ブロックの責任者で、最終的にぼくの公認を決めてくれた方でもあるんですが。

国会議員にとって政策秘書はとても大事

井関　さっきの投票率の話に関連して映画『NO 選挙，NO LIFE』についてですけど、あの選挙ウォッチャーの畠山理仁さんと中学生新聞の中学生が、映画の舞台挨拶で来てたんですよ。畠山さん曰く、「今まで選挙に行かない人が右派に入れることが多い」って。ぼくは選挙に行かない人を頑張って行ってもらおうと思ってるのに、せっかく来ても、ネトウヨ的な思想に引っ張られる人が多いのは残念だな、って言ったら、畠山さんは、それでも先に声をかけて、選挙に来てもらえるのが先だ、って。

博士　畠山さんは、選挙の前に実はぼくの政策秘書に内々ではお願いしていたの。

井関　ぼく、それ見て映画に興味持ちましたから。

博士　もし畠山さんがやってくれたら、ぼくはうつになってなかったかもしれない。それほど優秀だし、情熱もあるし。

井関　想像するに、国会は地方議員の4倍は忙しいと思いますね。都議が2倍で。秘書の数でわかります。都議は1人、国政は公費で3人ですから。

博士　ぼくは政策秘書、畠山さんだと思って選挙に入ったら、畠山さんが選挙報道の方を続けたいので今回はご遠慮したいって。その時は、わかりましたって、次を探しますって簡単に考えてたのよ、実際、すぐ次が決まるって。ところが4人面接してダメで、苦労したよ。議員と秘書には相性があるから。ムリだよ、急には。だから国会議員は優秀で気心が知れた政策秘書がつかなきゃ。

井関　ムリですね。

博士　議員本人が弁護士で法曹界にいて、政策立案経験もある、なんて人なら別。

井関　ぼく、中野区議会で「本を出します」って言うと、オレも出したいってみんな言うんですよ。地方議員経験して、本の出版を経験すれば、政策秘書になれる道にも一歩近づける。

博士　専門分野の著作を持つことって条件があるから。

井関　中野区は自公と立憲、共産が拮抗してるんです。で、今最大会派は立憲で、区長の与党は立憲と共産。これで16議席。野党も16議席。そこにれいわは、ぼく1人で。

博士　じゃ、キャスティングボード握ってるの？

井関　握ってるんですね。無所属の先輩にも言われてます。「あなたいいわね、1年目からいろいろ実現できて」って。昔は、自民党のベテランとかの意地悪もあったらしいですけど。

博士　杉並区なんか、岸本区長、議会運営でイジメ抜かれているよ。多数派じゃないから。でも映画にもなって、彼女の本も読んでポリシーも知ってるから、政治家としての彼女を応援したくなる。そこなのよ。

井関　私も応援したくなりました。

博士　そうでしょ。他はタヌキオヤジみたいなのばっかりだし。あの、特に4期やってた。前の自民党の区長とか、ぜんぜんだよ。石原伸晃が応援に入って逆効果だっての。

井関　谷垣さんがお元気な時で、石原伸晃さんと一緒に応援入っているのを世田谷区長選で見ました。

博士　杉並だと衆議院に吉田はるみさんがいる。山本代表も、東京8区に鞍替えの時、応援に入ってたね。

井関　さらに鞍替えしたにもかかわらず、くしぶち代表の懲罰動議に吉田さんも名前連ねたって。

博士　でも、それも恩讐の彼方じゃないのかな。岸本さんの応援に山本太郎さんも吉田はるみさんも揃ってたし。吉田はるみさん、ぼくが当選したら、真っ先に事務所に挨拶に来られましたよ。

井関　そうなんですか。

博士　そこなの。つまり、それが政治家だから。義理と人情なの。面子ありきだけど。河野太郎大臣まで、直々にご挨拶に来て、周りが「ありえない」ってビックリしていた。

井関　よくツイッターで山本代表と河野太郎さんが「反原発」って色紙持った写真が拡散されてて、それにリプ付けるとブロックされるって。

博士　ちなみに高市早苗さんの結婚式、ぼく、出席してるからね。

井関　高市さんのタレント時代？

博士　政治家になってた時だよ。ＴＢＳで『アサ（秘）ジャーナル』って、政治家インタビュー番組をやってた時。だからどうしたって話だけどね。

政治家にとって、まず大切なのは「ルックス」

井関　れいわで、今回は「地方から国をゆらす」ってマニュフェストであげてまして、ぼくも中野から国に影響を与えたいと思ってもいますが、どうでしょう？

博士　そりゃまず、自分が有名になることとね。名物議員とかになるように、知名度をまずはつけないと。普通に小さい議員なら党内でも無視されるから。人気があるんだとわかったら重宝されるし。政治は数だから。数を取れる人にならない限り、結局相手にされないから。そのための党内調整とか、みんなやるわけだけど、ぼくはしなくてもよかった。多少ながら知名度はあるから。でも、だからってのんびりしていればいいわけではないよ。ただ、それがない人は、まず知名度上げていかないと、次に自分が公認されない可能性だってある。もともとこの立場を失えばゼロからだし、そこを意識しつつ、自分のパワーをつけ、数のゲームで勝ち続ける。これをまず固める。それに、キミが年齢が50なら、とりあえずまず10キロはやせなきゃ。

井関　ぼく、選挙で14キロやせて、また12キロ太っちゃいました。

博士　なんで大統領でもケネディがずっと人気あったかといえば、率直にカッコいいから。アメリカの大統領でブクブクの人、いないでしょ。

井関　8～9年前からすれば30キロ太ったんです。ぼく、ハンバーガーショップを出して失敗して、うつになっちゃったんだと思う。今、酒井議長にも言われてます。「源ちゃん、ヤセたら千票増えるよ」って。

博士　ほんとそういうものなんだよ。あと30キロやせて50歳なら、なかなか精悍になれる。もともと精悍な顔だし、それが大事なんだよ。ぼくだって選挙ポスター撮りなおしたんだから。最初に適当にスタイリングして、自分でスーツ着て、丈もあってなくて。アドバイスされた。選挙ポスターで一番大事なのはスーツの着こなしだって町山さんに言われて。全部撮り直せってことになって、伊賀大介ってスタイリストのトッププロに入ってもらってスタイリング決めてもらった。ネクタイの角度や結び目の形まで。

井関　ぼくの場合、ポスター写真撮ってから14キロやせて、顔が違うから撮りなおした方がいいか党に聞いたら、「このままでいいんじゃないですか」って。

博士　前に評論家の勝谷誠彦さんが兵庫県知事出た時は、付け焼刃で髪は茶髪にして、普段スーツなんか着ないのに無理に着て、あれは、ぜんぜん選挙のプロの仕事じゃなかった。ああいうのは政治家としては減点なの。

井関　だいたい丸川珠代さんなんかが通ったのはルックスだけだったと思いますし、ある程度は必要ですよね。

博士　ある程度じゃなくて、だいぶ大きいよ。行きかうおばちゃんとか「〇〇さん、カッコイイ」とか言わせて、ストイックに自分を追い込む。それをやらないと、「政治家って、毎日、料亭行って太ってるんじゃない」とか、「貫禄ですね」って。香川一区の小川淳也なんて、あそこまでよくヤセられるってくらい。アスリートの体型だもの。それで実際、対談のときに、小川さんの前に立つと、自分はいかに飽食してるか反省するもん。でも、彼はぼくには、「博士、それは博士の貫禄です！」って言ってくれるの。さすがだよ、小川淳也。そういう相手を立てる言葉遣いも政治家の大事なところ。

井関　一時期、山本代表と小川さん、シンガポール行ってましたね。

博士　聞いたよ、山本代表に。何しゃべってたんですかって聞いたら、何も言わなかったけどね。

井関　それは気になりますね。

博士　いやいや、ぼくは政治家として小川淳也は大好きだから。ああいう青臭い理想論を通して、オープンにして、それで敗れてしまったりするとしても、絶対に腹芸ばかりの自民党の要職、世耕なんかよりも断然いいよね。

井関　小川さんは消費税増税で、れいわとは考え方、違いますけどね。

博士　それもＹｏｕＴｕｂｅでしゃべったけど、彼自身は、自分の政策大綱を持ってて、日本全体の未来像を考えるって趣旨の本も作ってる。『日本改革原案　２０５０年』かな。政策オタクなの。そこからブレないのよ。ちなみにぼくはそれは間違ってるとは思ってる。消費税廃止側だから。ただ彼は消費税は20％までは行くって、みんなに理解されなくてもブレない主張は続けてる。そこはエラいし、残念でもある。

井関　そういう、政策違いでも、人としては信用できますね。ぼくも、考え方は小泉元首相とは違いますが、あの人が郵政民営化やるんだって、その一貫した姿勢は信用できました。今は、あれ、正解じゃなかったとの声も大きいですが。ちなみに、今後のれいわへの期待はどうですか？

博士　期待してますよ。そもそも、ぼくはれいわに、まだいるんだから。

井関　これを実現してほしい、とかは？

博士　そりゃ消費税もそうだし、あと、奨学金問題。それとぼくの政治家志望の要因である、スラップ訴訟の件も解決したいところ。力のある人間がない人間に圧力をかけたり脅したりする手段に訴訟を使うのは断固、禁止してほしい。

井関　それは博士さんが出馬したトリガーですもんね。

博士　ぼくの跡を継いだ、大島九州男さんも最初はやってくださったけど、その後やらないし、難しいとしても、ぼくに投票してくれた人はガッカリさせたくない。

井関　今度は松井前市長と最高裁ですか？

博士　弁護士も米山隆一さんから、勝訴請負人の佃克彦さんにかわって。ただ最高裁はこういう案件を棄却することもありえるからね。

井関　判例になりますし。

博士　それに最高裁が扱うほどの大ネタではないと、判断されるかもしれなかった。憲法上の問題ではないとはねられるかも知れなかったが、最高裁に「受け取って下さい」という「願い」は一応、今、受理された段階なの。

井関　では、いよいよ最高裁ですね。

博士　だから騒ぐよ、最高裁では。司法や裁判をブラックボックスにさせないのが、ぼくの公約だったらかね。

井関　本当にきょうはありがとうございました。

博士　うん、今日から同志だと思って応援するから。れいわって「青い」ってぼくでも思うところあるけど、逆に老いてもその意気を残してきたことを誇りに思って、とにかく清濁合わせ呑まない。

あとがき

皆さん、この本をお手に取っていただき、お読みいただき、ありがとうございます。

この本のインタビューとプロデュースをした山中伊知郎（いっちー）さんは、私が「剣聖剣士」時代、浅井企画のネタ見せをされていた作家さんでした。その後、いっちーさんが主催するお笑いライブ『ちょっと昭和なヤングたち』や栃木県黒磯市の健康お笑いライブの音響スタッフをやったり、ピン芸人「井関ゲンヂ」時代に健康お笑い講座に講師として呼んでいただいたりしました。

講師をした時は、生徒さんから、「先生のネタは面白くなかったけど、授業の内容は良かった」という声を多数いただきました。皆さん正直か！

その後、「減塩」時代に、『ちょっと昭和なヤングたち』に出させてもらいました。いっちーさんのプロデュースで、井関はお笑いをやっていた頃はいかにウケなくて悲惨だったか、という本になりましたが、イヤイヤ、減塩はウケてたでしょう⁉

そんないっちーさんから、私が中野区議会議員になったということで、本を出さないかとお声がけいただきました。

私は政治をいかに面白く伝えるか、「おもしろきこともなき政治をおもしろく」というキャッチフレーズも使っています。普段動画やSNSで政治をおもしろくお伝えすることに取り組んでいますが、今回のご提案でも皆さんに政治をおもしろくお伝えできるのではないかと思い、二つ返事で受けました。

『どん底地下芸人が、中野区議会議員になった　井関が、中野区から日本を変える』というタイトルはいっちーさんがつけてくれました。私にはハードルが高いタイトルのように思えましたし、今まで「変える」などのフワッとした言葉は使わず具体的な提案を心がけていたのですが、れいわ新選組の統一地方選のキャッチフレーズ「地方から国を揺らす」にも通ずるタイトルだったので、ほぼそのまま使用させていただきました。

本の中では私の人生が今までいかに悲惨だったかを強調しておりますが、実際は本にも書けないような両親からの虐待や、お笑いをやっている時の困難や、一部ボランティアとの確執がありましたが、本人はなんとかなっておりますので、皆さんも気にせずウヒヒと笑ってサクサク読んでいただければと思います。

芸人時代、オフクロからは「家族のことは絶対にお笑いのネタにするな」と言われました。ネタにはしてませんが、危機回避のため、この本のことは実家には内緒にしておいてください。

お陰様をもちまして2023年に統一地方選挙で当選いたしました。私以上に周りの皆さんが喜んでいただいて、私はそのことが嬉しかったですが、我々は当選することが目的ではなく、当選した後、何をするかが目的なのです。

学歴もお金も選挙も手段なのです。それをもってして、何をするかが重要なのです。

当選後、れいわ新選組山本太郎代表から「地獄へようこそ」と言われました。

我々れいわ新選組の新人議員は、現在そんな地獄で日々奮闘しております。

しかしありがたいことに、中野区議会では非常に良くしていただきまして、新人議員1年目にも関わらず、充実した毎日を送らせて頂いております。

中野区議会の無所属の大先輩、むとう有子議員から「あなたは1年目なのに色々実現して良いわね〜」と言われます。

むとう議員は、前中野区長の区政下、公衆トイレにトイレットペーパーを設置するのに10年かかったとよく嘆いていらっしゃいます。それに比べると非常に恵まれています。

この本を読んで頂いた方には、「手段と目的を間違えてはいけない」ということと、私の「人間万事塞翁が馬」人生をお伝え出来ればと思います。

お忙しい中インタビューにお答えいただいた岸くん、将司、ヒロシくん、村山さん、くしぶち共同代表、長井さん、酒井たくや議員、チェックしていただいたれいわ新選組本部の方々、ありがとうございました。

そして対談と表紙カバー推薦文のご依頼を受けてくださり、ご自身のｎｏｔｅでご紹介していただきました水道橋博士さん、ありがとうございました。

表紙と１３９ページの当選証書の写真、ｆｉｎの議場の写真は小宮山たかし議員に撮っていただきました。

また、ご本人はＯＫでありながら、諸事情でインタビューを載せられなかった皆さん、非常に残念でした。また何か機会があればご一緒したいです。

最後に、この本は多分文庫化されないので、文庫化を待たずにこのサイズで買って下さい。

井関源二 X(旧ツイッター) https://x.com/isekigenji
井関源二 Instagram https://www.instagram.com/iseki_genji/
れいわ新選組中野チャンネル YouTube
https://www.youtube.com/@user-to8vj5gu4n

どん底地下芸人が、中野区議会議員になった

井関が、中野区から日本を変える

2024年7月30日　初版発行

著　者◆井関源二

発　行◆(株) 山中企画
〒114-0024 東京都北区西ヶ原 3-41-11
TEL03-6903-6381　FAX03-6903-6382
発売元◆(株) 星雲社 (共同出版社・流通責任出版社)
〒112-0005　東京都文京区水道 1-3-30
TEL03-3868-3275　FAX03-3868-6588

印刷所◆モリモト印刷
※定価はカバーに表示してあります。

ISBN978-4-434-34295-0　C0031

Fin